奇蹟課程釋義

學員練習手冊 行旅

Journey through the Workbook of A Course in Miracles

第五冊（121～133課）

肯尼斯·霍布尼克博士（Kenneth Wapnick, Ph.D.）◎著

若　水◎譯

奇蹟課程基金會授權出版

目 次

第一百二十一課

寬恕是幸福的關鍵

　　這一課十分重要，它為我們對比了寬恕和不寬恕心態的天壤之別。唯有看穿小我是如何誤導心靈的，方能明白本課用鑰匙來象徵寬恕的**關鍵**作用之深意。自無始之始，抉擇者便聽信了小我對瘋狂一念的詮釋，卻充耳不聞聖靈的勸解，決定放棄一體生命而追逐個體之我；從此，聖靈好似被打入冷宮，禁錮於祂始終臨在的正念之心內。於是，妄念取代了正念之心，罪咎取代了聖靈的愛，我們再也意識不到救贖的臨在了。至此，小我再接再厲，連連出招，不斷用罪咎把我們攪得坐立難安，直到忍無可忍，終於逼使我們全面撤離心靈，打造出一個世界，並將聖子關進一具肉體之內。結果，我們不只絲毫意識不到自己的正念，連妄念之心都無法覺察了。整個分裂心靈簡直就像掉入一個密閉的盒子，或更好說是鎖死的地窖。接著，詭計多端的小我，又進一步將解鎖的鑰匙藏在身體內，真可謂神不知鬼不覺。

　　而今，我們終於明白為何說寬恕是開啟心靈的鑰匙了。《奇蹟課程》要揭示的是，真正令我們煩惱的，並非自身經歷的事件或他人的作為，而是人心根深柢固的罪惡感。這部課程以「奇蹟」為名，用意就在於領悟這個真相，只因這一領悟方能迎刃解開心靈的第一個結。為此，耶穌邀請我們進入妄心，和他一起正視心內的罪咎，明白這一切不過是小我捏造的謊言。僅憑這一覺知，便足以令罪咎當下銷聲匿跡，瞬間開啟正念之門，而救贖原則早已在那兒等候多時了。

　　寬恕就是這麼打開小我封鎖的心靈的。小我不斷向我們耳提面命，在人間，唯有滿足了身體的需求，才有幸福可言。聖靈的教誨則截然相反，唯有開啟深埋心底的愛，才有幸福的希望。今天這美妙的一課，會讓我們百尺竿頭更上一層樓，越過憤怒與內疚的柵欄，向慈愛的家園邁進。

(1) 你此生追求的平安，答案在此。你想在一個狀似荒謬的世界中發掘意義，關鍵在此。當危機四伏，你全心寄望的平安與寧靜搖搖欲墜時，安全之計亦在於此。一切問題的答案都在這一句話，它保證所有的疑懼都會到此結束。

　　耶穌在此鄭重預警，這一路上必會遇到許多問題和危機，因此感到動盪不安，而寬恕正是一切問題的答案。縱然我們的「特殊性」使出渾身解數，也解決不了那些問題，因為問題下面所隱藏的癥結，就在於抉擇者的錯誤選擇，故唯有寬恕能在這個節骨眼上化解那一錯誤。不僅如此，寬恕還是「狀似荒謬

的世界中」唯一有意義的觀念。若從特殊性及個別利益的角度來看，世界確實無可理喻。然而，僅憑寬恕，就足以將我們的思維轉向共同福祉，溫柔地修正妄心妄見。我們也終於恍然大悟，所謂的自我原來就是抉擇者，那時我們方有作出正確選擇的自由，並且待人如己。

接下來的第二至第五段，描述了不寬恕的心究竟是怎麼一回事。耶穌雖然沒有明確點出「罪咎」一詞，卻處處暗示了：人心內自知犯下逆天之罪而感到罪孽深重，深恐受罰而將它投射出去，讓別人背負這不可告人之罪，從此便可理直氣壯地控訴對方：「我實在無法寬恕你，因為只有怨你，才能讓你為我的不幸負責，還能證明我是無辜的，你才是不仁不義的加害者！」各位大概還記得，〈正文〉第三十一章「自我概念與自性之別」那一節就說過，自認為純潔無罪的自我概念，成了我們不願寬恕最有力的藉口。

它〔這張無辜面容〕相信自己是邪惡世界中的善人。〔這張無辜面容〕隨時會轉為憤怒，因世界如此險惡，純潔無罪的人在此無法獲得應有的愛與保障。因此，這張面容常因目睹世界對樂善好施者的不公而痛哭流涕。這副〔無辜〕面容絕不會先下手攻擊他人。然而，每天不下百件瑣碎小事，一點一滴侵犯它的純潔無罪，最後它忍無可忍才會無情地反擊回去。

每個自我概念引以為傲的這張無辜面容，還能認可自

衛性的攻擊，因為眾所周知，世界對毫無自衛能力的
無辜者相當殘酷。世上沒有一張自我畫像會漏掉這一
副面容的，因為他根本少不了它。（T-31.V.2:9~4:2）

　　不寬恕的心永遠躲藏在一張無辜的面容之後，卻在罪咎的
爛泥裡愈陷愈深。耶穌在下文為我們描述了種種不寬恕的心
態，他反覆述說的，都不外乎一個「咎」字：

(2:1) 不寬恕的心充滿了恐懼……

　　之所以說心中「充滿了恐懼」，是因為我們自知投射於他
人的仇恨和謀害其實全都源出於自己。唯有如此，才能把小我
控訴自己的罪名（也就是為了存在而不惜謀殺上主那個信念）
推到外面去。從此放眼一望，彷彿四周全是殺人兇手，怎麼可
能不恐懼？但卻不敢承認那是自己打造的夢境，自己才是真正
的兇手。關於「兇手」一說，〈正文〉這一段的描述真是一針
見血：

> 救恩的秘訣即在於此：你所做的一切全都是對你自己
> 做的。不論你以何種形式發動攻擊，此言不虛。不論
> 哪一方扮演壞人或兇手，此言不虛。不論什麼表面原
> 因使你飽受痛苦，此言不虛。你若知道自己在作夢，
> 自然不會跟著夢中角色起舞。你一旦認清了那原是你
> 自己作的夢，不論夢中角色顯得何等可恨或何等兇
> 暴，都再也影響不到你了。（T-27.VIII.10）

　　為此，恐懼的真正原因，在於我忘了這只是一個夢，更忘了自己其實就是始作俑者。當我死抓著自己對你的怨尤不放，這種不寬恕的心態十足影射了我存心遺忘自己才是作夢之人。正因恐懼是從自己心內冒出來的，難怪我會感到草木皆兵，隨時準備反擊回去。如同〈正文〉所言：

> 你認定自己是脆弱、易受傷，甚至不堪一擊的，只能在無數比你強勢的侵略者手下苟延殘喘。（T-22.VI.10:6）

　　的確如此，如果我不知道攻擊其實出於自己內心，怎麼可能不戰戰兢兢力圖自保？如此一來，又落入了「投射與攻擊」的惡性循環。

(2) 不寬恕的心充滿了恐懼，使愛無處容身，也無處展翅，難以安心地翱翔於動盪的世界之上。不寬恕的心是悲哀的，沒有休養生息的機會，也沒有解脫痛苦的希望。它在困境中受苦受難，在黑暗中東張西望；縱然一無所見，卻認定那兒危機四伏。

　　耶穌在此描述的，正是偏執狂的典型症狀：明明沒有客觀上的危險，患者內心卻恐懼萬分。所有偏執狂張眼看到的，全是他們自己的謀殺念頭和罪惡感投射於外的幻影；即使看不到敵人的蹤影，仍會感到草木皆兵。可以說，人類最害怕的頭號天敵，莫過於小我的罪咎所投射出來的憤怒之神，只因我們相

信自己犯下滔天大罪，上主不毀滅我們誓不甘休。為此，內心只要存有一點罪惡感，必會投射到身邊所有的人，然後大肆抨擊。試問，這樣的世界有可能平安嗎？人間已經夠苦了，小我還使出更厲害的一招，讓我們相信痛苦是有價值的，因為痛苦證明了自己才是無辜的受害者，而罪魁禍首則是某人某事或某個天災人禍。我再引用〈正文〉第三十一章的另一段，短短幾行字，對於仍想為自己的苦難尋找藉口的我們而言，不啻當頭棒喝：

> 你若看到一個罪孽深重的世界，不過顯示你已拜世界為師而已；你怎樣看世界，就會怎樣看自己。你的自我概念涵括了你所能見的一切，沒有一物能超出你這個知見。你若受到任何傷害，這幅受苦的畫像不過表示你看到了自己的秘密心願。僅僅如此而已。你所受的苦會讓你看到自己想要傷人的那個不可告人的秘密。（T-31.V.15:6~10）

　　耶穌如此鍥而不捨地要我們看清小我的猙獰面目，因為只有這樣，我們才會真心作出另一選擇，不再與小我同流合污。接下來，耶穌繼續揭露小我的不寬恕心態：

(3:1) 不寬恕的心深受疑懼所苦，既認不清自己，也認不清眼前的一切，內心充滿害怕、憤怒、脆弱、恫嚇。既不敢前進，又不敢留在原地；既害怕清醒，又害怕睡著；它怕任何的風吹草動，更怕寂靜無聲；它懼怕黑暗，卻更怕接近光明。

　　凡是自認為活在這個世界的人，都逃避不了這一陷阱。我們想盡辦法隱藏心內的恐懼、怨恨和自我懷疑，卻又堅信自己知道一切的真相；內心深處其實很清楚「上主的想法則恰恰相反」（T-23.I.2:7）。總而言之，恐懼的源頭絕不在外，而是自心認定謀殺了上主，毀了天堂，並且信以為真。如今只要一想到被謀殺的上主可能死而復活，向我們索債，怎麼可能不驚惶失措？沒有人承受得了這種恐懼的，故當務之急便是打造出一個世界和身體，把這恐懼藏匿起來或壓抑下去；再進一步使出「特殊性」的高招來安撫驚恐的心靈，如此才能抵禦始終潛伏於外的敵人。不幸的是，我們竟然如此無知地相信了小我這套說詞，還真以為它的防衛伎倆抵制得了恐懼的威脅。

　　由於我們早已把正念之心與妄念之心一併封鎖埋藏了，故我們不只害怕罪咎的黑暗，更怕救贖的光明；只因自己的個體價值一旦與光明照面，便會頓歸虛無。也正因如此，我們對罪咎和攻擊的恐懼，反倒發揮了抵制光明的作用，以免被光明一照，陰暗的自我就消失得無影無蹤。由此可知，小我之恨發揮了雙重防衛的作用，令我們看不到心內的真理之光：第一重是充滿怨恨的咎，第二重則是我們投射到別人身上的恨。前者藏在心內，後者寄於身體；兩者負有同一使命，就是將我們永遠封鎖在暗夜裡，防止我們選擇光明。

(3:2~3) 不寬恕的心所看到的，盡是報應與懲罰。眼之所見，全是自己罪孽深重的佐證。

　　我之所以覺得自己是飽受詛咒的生命，只因我已經把自己的罪過投射到世界去了，才會處處看見報應和懲罰。正因為我犯的是謀殺重罪，難怪會深信不疑每個人都是索命鬼，立誓血債血還；不論是象徵性或實質性的，所有人都想從我身上盜取什麼。總而言之，我們暗中認為自己犯了毀滅天堂之罪理當受罰，而此刻面臨的厄運，恰恰證明了自己果然罪孽深重。

(4:1) 不寬恕的心所看到的不是過錯，盡是罪惡。

　　但是，話說回來，罪不在我，一切都是別人害的！就算有時我不能不承認有罪，也是因為他人把我害成這樣的。終歸一句，就是要別人為我的罪負責，如此才保得住自己不能沒有的那張「純潔面容」。

(4:2) 它是以盲目的眼睛看世界，當它看到自己投射之物起身反擊它那可憐又虛假的生命時，便哀號不已。

　　我們之前已經討論過，肉眼沒有真正看的能力，它只是聽從小我的指令，著眼於分裂、罪咎、特殊性和死亡。對此，〈教師指南〉有一段精闢至極的解說：

> 然而，是誰在判斷肉眼之所見？絕對是心靈。詮釋肉眼所獲的訊息且賦予「意義」的，也是心靈無疑。因此這個意義絕對不存在於外在世界。肉眼所見的「現實」其實都是人心想要看到的景象。是它把自己的價值層次投射到外界，然後再派遣肉眼去把它找回來

的。……心靈靠它先入為主的價值觀來識別、鑑定肉眼帶回的訊息，是它在決定感官所搜集來的每個資訊如何排列組合。（M-8.3:3~7;4:3）

由此可知，肉眼只會「看到」別人的瘋狂仇恨，絕不承認自己心內深藏不露的罪咎。耶穌在上面這段課文就說得很清楚，我們將充滿恨意的罪咎投射於外，才會看到外界都在伺機打擊我們；而罪咎最擅長的，就是把自己裝扮成愛了。至於「可憐又虛假的生命」，指的就是我們這具身體，亦即我們心目中的生命；即使從一出生就註定會死亡，也不惜投入畢生精力維繫它的存活，殊不知，如此不堪一擊的身體只是企圖取代真實靈性的拙劣贗品而已。

(4:3) 它想要活下去，卻常感到生不如死。

不寬恕的心不僅苦不堪言，而且痛不欲生。最不可思議的是，我們仍費盡心機掩飾自己的痛苦。想一想，遠離天堂，活在恐怖及痛苦的世界已經夠糟的了，更慘的是，我們竟然認定天堂毀在自己手裡，從此只好流浪異鄉，落得無家可歸。我們註定要像外星人一樣，在世上遊蕩，明知自己不屬於這裡，卻又不知何去何從，難怪我們常有「生不如死」之感。前文所提第一百八十二課「我願安靜片刻，回歸家園」，將我們這種深陷世間的苦楚，描寫得更是刻骨銘心。

在此，耶穌的言下之意是要我們別再假裝自己活得很快樂

了；唯有深刻明白人間絕無幸福可言，同時又了知如何尋回幸福，我們才可能真正安心活在人間。如今我們既已意識到世界原是一場夢，而且確有一條脫離苦海的途徑，那麼，還有什麼能比這個喜訊更振奮人心的！

(4:4) 它想要寬恕，卻看不到任何希望。

　　正因為我們都想得到寬恕，卻不願面對「不寬恕」的禍心（亦即內心認同罪惡的那個決定），才會感到如此絕望。天主教把渴望被寬恕的心理化為一種儀式，稱之為「懺悔聖事」，但實際上卻沒有什麼效用，只因它並沒有將我們領到罪的源頭──也就是自己存心要與上主分裂的那個決定。所以，儘管口中不斷祈求寬恕，但心靈深處並不真想如此，只因我們珍惜的是自己的**小我**而非**上主賜的生命**。

(4:5) 它想要逃避，卻找不到出路，因為它眼中盡是有罪之人。

　　我們深知人間無幸福可言，一邊想要脫離，一邊卻自知永遠逃不出罪的天羅地網。追究其因，是我們拒絕正視心內的謀殺之念，才會繼續看到這個世界不時虎視眈眈地向我們索命。當我們被兇手追到絕路而無處可逃時，下場當然是死定了，不是嗎？這是人類最終難逃一死的真正原因。縱然我們的身體有本領逃出有形的殺手，比如歹徒、病毒或自然法則等等，最終還有一位看不見的頭號殺手向我們索命，藉由死亡的「現實」，鎔鑄了小我那套思想體系的鐵證。這就是耶穌所

說的「找不到出路」的絕望感。〈正文〉第五章曾說過，小我思想體系本身足以自圓其說，絕對「騙得了人間笨蛋」（T-5.VI.10:6）。

(5:1) 不寬恕的心感到絕望，它可想見的未來只會陷它於更深的絕望。

　　此處又重申了同一觀點，萬物終歸一死，毫無希望可言。每一個個體生命的夢境，就是這麼打造的——方生方死，為死而生。如此才能證實自己的分裂罪行，而且罪不可赦，理應受罰。就這樣，小我的陰謀再度得逞了。

(5:2) 然而，它不允許任何人為它心目中的世界觀翻案，毫不自覺正是這個評判將自己打入了絕望的深淵。

　　這正是「壓抑—投射」心理機制的高明之處。關於這一點，接下來還會詳加說明。我們根本意識不到自己在做什麼，卻堅信自己所做的一切都是對的，而且無人推翻得了我的世界觀：我**是**無辜的！只要看看我的遭遇，想想註定要發生在我及親人身上的不幸，不能不承認我誕生於世絕非自己的選擇。更慘的是，面對這殘酷的命運，除了認命，我完全無計可施。說白了，就是我畢竟不承認自己是作夢之人，是夢在夢我，而不是**我**（抉擇之心）在夢它。這就是問題所在，我們早已忘卻自己還有心靈，所有認知都離不開五官提供的資訊以及大腦的詮釋。這樣的絕境，哪有出路！故我們亟需奇蹟來「倒果為

因」，才能針對令人絕望的根源（也就是我們愛裝無辜的那套防衛機制）而痛下針砭。

> 作夢的人雖未清醒過來，但也不知道自己在睡覺。他只會看見自己生病或健康、消沉或快樂這類幻相，卻找不到任何能保證這些後果不變的穩定之因。

> 奇蹟幫你看清是你在作這個夢，而且夢中情景都不是真的。這是應付幻相最重要的關鍵。你只要能認出夢中一切都是自己打造出來的，就不再害怕它們了。恐懼之所以揮之不去，只因你看不出自己原是此夢的作者，而不是夢裡的角色。你在夢中帶給弟兄的種種後果，其實都是給你自己的……。為此，他真正害怕的是自己的攻擊，只不過喜歡假借他人之手而已。他成了承受苦果的受害者，而非始作俑者。他所受到的攻擊，絕不是他授權的，他不是那事件的元兇，他是無辜的。奇蹟其實什麼也沒做，只是幫他看清自己也什麼都沒做。（T-28.II.6:7~7:5,7~10）

(5:3) 它認為這一切是無法改變的，因它所見的一切，全都證明了自己的評判正確無誤。

事實上，不論我們多麼努力改善生活，提昇自我，也逆轉不了這個宿命——所有形體終將一死，只因死亡之念始終屹立不墜。我們改變不了這一心念，因為我們連心都找不到，又如

何去改變！而整部《奇蹟課程》的宗旨，就是要讓我們明白自己還有心靈，而且意識到，企圖改變世界就像設法改造陰影一般了無意義；唯一有待轉變的只是人心內那套思想體系。

(5:4~5) 它不會向人請益，因為它認為自己知道真相。它也不會反躬自問，因它堅稱自己是對的。

　　我們對物質世界以及自然法則如此堅信不疑，歷代科學家幾乎全都為它們背書，雖然偶爾會有所謂的天才橫空出世，推翻這些看似天經地義的自然律，例如哥白尼的「日心說」就打破了當年舉世公認的「地心說」。但話說回來，不論天才或凡夫，人們的目光始終離不開物質宇宙的種種現象。試問，地球繞著太陽轉，或太陽繞著地球轉，對我們這一生又有何影響？我們都知道，科學觀察及研究的前提是「有一個外在世界」，而膽敢徹底質疑這一基本假設的，可說鳳毛麟角。即使近代的量子力學，開始懷疑物質世界的真實性，卻仍然無力反問那個構成物質世界的背後「訊息」究竟是什麼。只有《奇蹟課程》不只質疑世界的真實，還直搗黃龍，揭露它背後所隱藏的罪咎訊息場。耶穌是這樣提醒我們的：

> 要學習本課程，你必須自願反問內心所珍惜的每一個
> 價值觀。任何掩飾或隱瞞都可能阻撓你的學習。沒有
> 一個信念是中性的。每一個信念都會左右你所作的每
> 一項決定。因為每一項決定都是基於你的信念而作出
> 的結論。（T-24.in.2:1~5）

　　《奇蹟課程》為我們掀開人心隱藏的信念，指出苦海人生的真實起因。唯有鼓起質疑的勇氣，我們才有機會審視心內隱藏的分裂與罪咎的信念，不再照單全收，人生才會有所轉機。

　　接下來的兩段，耶穌開始把焦點轉向「寬恕」，同時他還給我們一個具體可行的練習，這些練習背後的原理就在第六和第七段。

(6:1~2) 寬恕是後天學習來的功夫。它不是心靈本有之物，因為心靈是不可能犯罪的。

　　耶穌在本段一開始就明講：究竟來說，「心靈是不可能犯罪的」；相對而言，寬恕則是分裂心靈必學的「修正」功夫，也就是解除自己從小我學來的那一套。他在〈正文〉第六章裡曾直接點出，小我永遠搶先發言，但每說必錯；聖靈才是最終的答案：

> 請記得，聖靈是上主的終極答覆，而非問題本身。小
> 我一向喜歡先聲奪人。它反覆無常，對製造它的主人
> 居心叵測。（T-6.IV.1:1~3）

　　我們已經熟知寬恕乃是聖靈的不二法門，是有待學習和實踐的。這也是耶穌接下來的提醒，和他在〈練習手冊〉「複習三」的叮嚀相互呼應，為此，我們必須把他的教誨付諸實踐：

(6:3) 罪乃是你灌輸給自己的一個觀念；為此，寬恕成了你非學不可的一課。但你不應再求教於自己，而應就教於那位代表

你的另一自性的內在聖師。

　　耶穌要我們改變心念，其實就是撤換老師。自從抉擇者與小我認同，我們一直把罪的真實性以及個人的價值灌輸給自己，還練就一身歸咎於他人的本領。這套瘋狂思維在世上大行其道，目的就是逼我們說出一句：「我投胎人間，活成個體之我，這一切都不是我的錯！」為此，人類很需要另一位說實話的老師：「真抱歉，這確實是**你**幹的好事。但我告訴你一個好消息，這一切只是一場夢，你只是在夢中認為自己幹了此事而已。」所以說，「寬恕別人沒有作的事」這種寬恕法門，最終目的就是要幫我們看透世界的虛幻本質，而且承認自己已經與它同流合污，在夢中演了一場爛戲。

(6:4) 他會教你如何寬恕你自以為營造出來的那個自我，並讓它自行消逝。

　　無論如何，我們總得先意識到心目中的那個我的確是自己的傑作才行。這正是〈正文〉「自我概念和自性之別」那一節最令人難以消化之處。我引用其中一小段：

> 自我概念是你營造出來的。它與原來的你毫無相似之處。它只是個偶像，為了取代你上主之子的身分而造的。（T-31.V.2:1~3）

　　我們首先肯定了自己是世界的產物，然後再責怪邪惡的世界把我們的純潔面容搞成這副德性；世界不只應為我的不幸負

責，還該承受上天的懲罰：

> 「我是你造出來的結果，你看到我時，必會因著我的
> 樣子而受到懲罰。」（T-31.V.5:3）

如今，我們終於明白了，自己愛裝無辜的模樣只是為了歸咎他人，因此，也只有自己能夠扭轉這一困境。

為此，寬恕的第一步即是打開妄念之心的大門，看清真正的兇手不在外面，而是這個虛妄的**我**。大門開啟，等於掀開了小我的第一道屏障，繼而迎向第二步的挑戰，亦即領會到我這有罪的兇手也是捏造出來的。換言之，第二步要看清一切全是自己「想」出來的；我不只把你捏造成加害者，還把自己捏造為受害者。第二道門一旦開啟，當下真相大白，原來真的是一場夢，而且我的生命真相和耶穌一樣，不曾改變分毫。恰如〈正文〉所言：「即使你能作出這個夢，也無法讓它產生真實的結果。」（T-28.II.6:5）

(6:5) 你的心便這樣回歸了祂，與祂合一，而祂原是你那絕對不可能犯罪的自性。

這兩重門一旦開啟，整個分裂心靈便會霎時遁形，我們終於覺醒於基督自性。剛才引用過的「顛倒因果」那一節的結尾，恰好為上述的步驟作了一個最好的結論。

> 世界充滿了奇蹟。奇蹟始終陪伴於每一個充滿痛苦和
> 罪咎的噩夢旁，默默地發光。只要你承認自己在作

夢，不再否認夢中種種都是自己的傑作，你就會看到夢境之外的另一選項——奇蹟。奇蹟不過是把疾病的後果帶回它的起因之後自然發生的美好結果。心靈一旦承認：「這不是掉在我頭上的，而是我自己做出來的。」身體便解脫了。如此，心靈才有重新選擇的自由。只要你踏出這一步，救恩就會循著分裂的軌跡反其道而行，直到每一步都扭轉過來，救恩的階梯便消失了，世界大夢終於全面化解了。（T-28.II.12）

緊接著，耶穌特別叮囑我們，務必要把寬恕的基本原則付諸實踐才行：

(7:1) 每個不寬恕的心靈，都成了教你的心如何寬恕自己的機會。

這句話並非針對「你的」不寬恕之心，而是你在別人身上看到的不寬恕。那才是你下手寬恕的契機。也就是說，這並不表示外面真有需要你寬恕之人，而是因為你夢中仍有不寬恕的陰魂作祟。我們在哪兒看到魅影，就只能在那兒下手。耶穌想讓我明白，每當我感覺受到侵犯之際，正是我重新審視自己心態的良機，因為眼前世界乃是「心境的見證」（T-21.in.1:5）。本句課文中的「你」當然是指抉擇者，它必須善用良機，適時發揮抉擇能力，才可能作出新的選擇。

(7:2~4) 每個心靈都等著經由你而得以從地獄中脫身，它懇求

你讓天堂降臨於此時此地。它本身沒有希望，你成了它的希望。你一成為它的希望時，也成了你自己的希望。

　　正因為世間每個心靈都渴望由地獄脫身，人人都在求救，因此承認自己走錯了路，成了我們共同的挑戰；同時還要明白，自己心內仍有另一套思想體系可供選擇。我們的確很需要彼此提醒，因為只要我自己活出平安和愛，等於向世人示範了人生可以作出其他的選擇。耶穌在〈正文〉中說得更清楚，每個攻擊都是恐懼的反彈，而恐懼則是向那一度被自己拒絕的愛呼救。

　　由此不難看出，聖靈幫你詮釋他人的動機對你的幫助會有多大。祂教你只接受他人的善念，而把其餘一切都視為一種求助，同時也教你認清了恐懼本身其實也是一種求助信號。

　　這是認清恐懼的底細之途徑。只要你不再為恐懼找藉口，祂就會為你重新詮釋的。它的終極價值就是教你如何把攻擊看成愛的求助。我們已經學會看出恐懼與攻擊之間唇齒相依的關係。既然只有攻擊能激發恐懼，而你又能看出攻擊其實是一種求助的信號，那麼，恐懼的假相就被你戳破了。恐懼確實是愛的求助，因為它冥冥中意識到自己失落了愛。（T-12.I.8:6~13）

　　換言之，我若能進入正念心境，放下肉眼之見，轉而透過耶穌的眼光去看，那麼，不但能看出對方的攻擊其實只是恐懼的反彈，而且還能聽到他的恐懼下面所隱藏的心聲：「拜託，請你讓我看到自己的想法有誤，並為我顯示還有另一套思維模式可以選擇。」甚至可以這麼說，對方是在懇求我們不要以牙還牙，而應平心靜氣地回應他的攻擊，為他示範怎樣才算「正念的選擇」。如此一來，我們的正念也必會因此而更加鞏固。這正是耶穌要我們對待特殊關係的心態，唯有如此，人間關係才得以聖化。

(7:5) 不寬恕的心必須透過你的寬恕才會明白自己已經由地獄中脫身了。

　　這是因為你向他人顯示了「我們是可以選擇天堂的」。然而，你無法替別人選擇，就像耶穌不能替你選擇一樣；但向人示範這種選擇完全是可能的，即使只是短短的神聖一刻。是的，我們真的很需要堅定彼此療癒的決心。

(7:6~7) 你就是靠著教導救恩而學到救恩的。然而，你所教導與學習的一切並非出自於你，而是來自那位內在聖師，祂是上天賜你的指引迷津者。

　　示範教學的功效並非憑靠一己之力，它是由聖靈通過我們而完成的。有意思的是，連受教的也不是我這個有形之人，因為人間的學習過程不過反映出「抉擇者接受聖靈潛移默化」的

一段心靈歷程。既然我這個人根本就不存在，怎麼可能學到什麼，更別說分裂之心，它既然已經和小我認同了，豈有學習的餘地。唯有心內的抉擇者才有可能選擇新的導師，那時，真正的學習才算開始。

　　下文接著為我們解說寬恕的練習，形式上和其他幾課大同小異。耶穌要我們先觀想一位仇敵（即恨的特殊夥伴），在他們身上觀想出光明。接下來，以同樣方式看待心目中的朋友（即愛的特殊夥伴）。耶穌要我們在愛恨分明的不同關係中，學習看出它們其實是同一回事。最後，耶穌要我們將自己也置於同一光明之中。練習的目的在於訓練我們「一視同仁」，不論對所愛或所恨乃至於自己，一律平等待之，不排除任何一位。請記住，小我是靠差異性而起家的；我們共有的一體性才是聖靈的居所。現在，我們來練習一下：

(8) 今天我們要學習寬恕。只要你願意，你今天就能學會如何領受幸福之鑰，並且用在自己身上。我們將在早上練習十分鐘，晚上再練十分鐘，學習如何給出和接受寬恕。

　　耶穌開始傳授寬恕的原則，而且要我們在生活中實踐。要知道，這個練習並非一天只修一兩次的功課。雖說形式上一天只需操練一兩次，但它的精神卻須臾也不可或忘，尤其是當我們企圖與一方結盟而與另一方為敵時。

(9) 不寬恕的心不會相信施與受是同一回事。為了教你看出兩

者真是同一回事，我們今天要練習同時寬恕你心目中的一個仇敵以及一個朋友。當你學會將兩者一視同仁時，再把這練習沿用到自己身上，你便會看到自己已跟他們一起解脫了。

這段話隱含了一體觀念，一體乃是《奇蹟課程》的核心思想；我們在基督內的一體，猶如基督與上主的一體，而天堂的圓滿一體之境才是我們的存在真相。在整部課程中，這類教誨可謂俯拾皆是。

> 天堂不是一個地方，也不是某種境界。它只是對一體生命的圓滿覺悟，也就是悟出「此外無他」的那個真知：在這一體之外，別無他物，在這一體之內，也別無他物。（T-18.VI.1:5~6）

然而，只要我們還活在二元世界的身體裡，便永遠無法活出一體境界。在人間，唯有寬恕能夠反映出一體的倒影。這意味著，我們再也不會著眼於一己之利而無視於他人的利益了。無論**形式**上有多大的差異，但在**內涵**上我們卻全然一致：彼此都活在同一妄念思想體系裡，也全都相信自己謀殺了上主而逃入人間。為此，我們都同樣需要努力由妄念體系脫身，包括了自己所愛或所恨之人。這就是本課隱含的深意：在妄念之心內，我們是「**同一**」生命；在正念之心，我們也是「**同一**」生命，我們都有「**同一**」選擇能力，推到究竟，我們還是「**同一**」基督自性。

(10) 開始「長式」練習時，先想出一個你不喜歡的人；他好似常惹你生氣，或是你只要想到見他就懊惱，或是你打從心底鄙視的人，或是你一心想要迴避的人。不論你的怨忿是以何種形式流露。你大概已經選定一個對象了。好，就是他。

　　請看，耶穌幾乎網羅了人心可能產生的所有怨尤了。只因怨尤沒有大小之分，幻相沒有程度之別（T-23.II.2:3），輕微的不悅與怒火中燒，全都是同一回事。下面這段引言先前已經引用過，是針對怪力亂神之謊言所激起的一切負面情緒而說的，值得再讀一次：

> 即使只是輕微的不悅，輕微得令人難以覺察。即使你已怒火中燒，生出了暴力的念頭，不論你只是在腦海裡遐想或具體付諸行動。這一切都無關緊要。所有的情緒反應全是同一回事。它們只是企圖蒙蔽真相而已，這與你情緒的強弱無關。真相對你若非歷歷在目，就是隱晦不明。你不可能只認出部分的真相。你若看不到真相，表示你已經落入幻相了。（M-17.4:4~11）

　　我們一旦賦予別人侵擾自己心情的能力，不論力道多強或多弱，都給了我們爆發情緒的藉口。〈正文〉說過，愛的表達必定全都是極致的（T-1.I.1:4），恨的表達亦然。這個若是真的，另一個必也真實，不論是在真相或幻相之境，全都沒有程度之別。

(11:1~3) 現在閉起眼睛，在心內看著他，凝視他一會兒。試著在他內看到某種光明，即使是你從未注意到的一點微光也好。試著找到那明亮的光點，由他在你心目中的醜陋形象後透照出來。

　　這個練習和新時代（New Age）所標舉的「在所有人身上看到光明」大不相同。只要細讀本段課文，不難發現，耶穌竟然要我們先著眼於「醜陋形象」，然後再去看它背後的光明。醜陋的畫面不僅可套用於你的死對頭，同時還涵蓋了你心目中的朋友。我們不能不承認，再好的朋友，只要有一句話或一個動作不合我意或辜負了自己的期待，我們就立即感到不快。為此，我們必須誠實面對人心醜陋的一面，才有機會更深地領悟出，習慣著眼於他人的醜陋其實是一種保護機制，存心掩蓋自己和他人心內隱藏的真理之光。耶穌當初向海倫和比爾講解寬恕時，有一段鞭辟入裡的話語：「你不可能寬恕自己心目中無法接受的人；你也不可能憶起愛的，除非你先意識到內心對他的恨。」他跟這兩位大弟子如此解說：

　　你們毫不察覺自己多麼想要擺脫對方，這並不否認你倆之間同時又有強烈的吸引力，只是證明了：**愛不是唯一的情緒。**……你們尚未意識到彼此的恨有多深，除非你們真正意識到這一點，否則永遠擺脫不了這個恨的。因為在那之前，你們只會感覺到想要擺脫對方，其實你們企圖保留恨。……彼此又恨又怕的情

緒，全面覆蓋了你們心內最真實的愛。……盡可能冷靜地正視這一仇恨吧，因為你們若真想『否認自己對真理的否認』，總得先看清你們究竟在否認什麼吧！（《暫別永福》/ 暫譯 PP.297~298）

　　上面「否認自己對真理的否認」，出自我們很熟悉的一句〈正文〉：「因此，奇蹟志工的任務便是**幫忙否定他們對真理的否定**。」（T-12.II.1:5）耶穌督促我們正視小我對真理的否定，尤其是仇恨這一招。唯有誠實面對這個陰暗內幕，我們才可能誠心誠意說出：「我再也不願與它為伍了！」如此，當我們再度選擇愛時，那個決定才有足夠的力道，推動我們穿越醜陋的罪惡而邁向基督之完美。

　　本課特別要求我們將練習套用在特定的人身上，原因不說自明──我們仍然十分認同於身體。我們還需要進一步了解：始終在人心內照耀的基督之光，因為直接威脅到特殊性的存在，早已被小我覆蓋在罪咎的醜陋畫面之下了。繼而，小我又借用他人的醜陋面容去掩飾那陰森的罪咎。為此，耶穌要我們在矚目光明之前，務必鼓起勇氣，好好正視自己是如何把特殊夥伴以及自己搞得醜陋不堪的。不僅如此，他還要我們明白，自己真正想要抵制的，原來是那一體生命，故他不斷叮囑我們好好正視醜陋的人間畫面。

(11:4) 然後繼續凝視著這一幅圖像，直到你真能在圖像的某處看到一點光明為止，再讓這光明向外擴展，直到籠罩了他整個

人而使這幅圖像變得美好無比。

　　耶穌在〈正文〉「兩種畫面」那一節，三番兩次提醒我們「**正視那幅圖像**」（T-17.IV），指的就是小我給我們的醜陋禮物——死亡。我們之所以造出醜陋的表相，純粹是為了掩飾醜陋的內心，這麼一來，連我們光明聖潔的本來面目也一併遮蓋住了。要知道，掩藏真相和自絕於耶穌之外，其實是同一企圖，因此當我們決心和耶穌一起正視這個企圖時，所有的醜陋自然煙消雲散。這個企圖一旦撤除，醜陋的防禦機制再也沒有存在的必要了，於是，始終隱身其下的光明剎那間遍照四方。由是可知，我們實在無需過度重視觀想的技巧，例如怎麼把醜陋的畫面轉變為美麗的圖像，那是聖靈的工作。我們只有一個責任，就是看穿自己習慣著眼於他人及自己的醜陋面背後的動機，如此就夠了。一旦撤除這片無明面紗，聖潔美麗的光輝自會驅散黑暗的罪咎，只因我們的目光已經由醜陋的罪咎轉向寬恕的美妙畫面了。

(12) 再凝視一會兒這煥然一新的他，然後把你的心轉向心目中的一位朋友。試著把你先前在「仇敵」身上看到的光明轉投到他身上。現在，把他看成超乎朋友的朋友，因為他的神聖本質在那光明中向你顯示了他是你的人間救主；他不只已得救，還能救人，因他已經療癒，且重歸完整。

　　練習的第二部分要求我們重複同一觀想過程，不同的是，把對象換成特殊的朋友而已。但請注意，本課的要旨是讓我們

深入體會，不論是敵是友，本質上其實完全一樣。由此可知，選擇一位朋友的意義遠遠超乎「一位朋友」，表示他已超越了有形可見的特殊性，直指所有人共有的神聖性了。為此之故，小小的寬恕就能讓我們因救人而得救，因療癒他人而自我療癒，因著眼於整體，自己也恢復了完整。試問，世界怎麼可能不煥然一新！

如今，我們終於得以目睹聖子奧體的光輝，對「敵友」一視同仁的寬恕必會驅散特殊關係的陰影，幫我們在一體聖子的同一光明中尋回自己：

(13) 然後，讓他將你在他內所見到的光明回獻給你，讓你的「仇敵」與朋友也聯手用你給他們的禮物來祝福你。如今，你已與他們一體了，他們也與你一體。如今，你已經寬恕了自己。在這一天內，當你把幸福帶給每一顆不寬恕的心（包括你自己的心在內）時，不要忘了寬恕這個關鍵因素。每個小時都告訴自己一遍：

寬恕是幸福的關鍵。我願由那活得朝生暮死且充滿墮落與罪惡的噩夢中覺醒過來，全然了知自己仍是完美的上主之子。

今天，當你落入又愛又恨的特殊關係而不自覺地著眼於對方的陰影時，不妨如此提醒自己：這是我的夢，只要我願意，就能從這死亡之夢醒來。我有能力作出另一選擇的。如今我終

於明白，我在外面看到的醜陋其實是為了隱藏內心的醜陋；幸好，那個醜陋的我只是一個幻影，罪的噩夢便如此結束了。寬恕帶來的幸福不僅瀰漫著我感恩的心，也圓滿了整個純潔無罪的聖子奧體：

> 寬恕能把罪的世界變得光明神聖，美得令人望之出神。每一朵花都鮮豔亮麗，每一隻鳥兒都詠唱著天堂的喜悅。這兒沒有悲傷，沒有別離，每一個生命都得到了徹底的寬恕。被寬恕的生命便恢復了原有的一體，因為再也沒有東西能離間他們了。無罪之人必然看得出這個一體性，因為排除異己的那一間隙已無法立足於他們之間。他們就在罪撤離後所留下的空間合而為一了，欣然認出原本就屬於他們的那些生命，其實從未離開他們一步。（T-26.IV.2）

第一百二十二課

寬恕會給我想要的一切

　　本課以及隨後幾課的主題看似相當正面，從「寬恕」開始，然後是「感恩」、「一體」，最後又回到「寬恕和愛」這個主題。不過，凡是了解奇蹟真諦的讀者都明白，如果想獲得正面的結果，必須先解除負面的障礙。最明顯的例子首推第一百二十六課，耶穌為我們對比了寬恕的正反兩種心態，只是沒有明言點出負面的寬恕就是「毀滅性寬恕」。我們會在隨後的五課看到，所謂的正面效應，全靠這一課練習所化解的負面因素而定。本課的標題雖說「寬恕會給我想要的一切」，但耶穌卻一再提醒，切莫將心力投注於自以為會帶來幸福與平安之物，而應由「追求特殊性的虛妄目標」轉為寬恕的目標。

(1) 你所要的東西，有什麼是寬恕所不能給的？你想要平安嗎？寬恕會給你平安。你想要幸福、平靜的心、明確的目標、超越世界之上的尊嚴與美感嗎？你想要得到關心，感到安全，

以及隨時受到穩妥的保護那種溫馨的感覺嗎？你想要那不受侵擾的寧靜、永遠不受傷害的溫柔、深刻而持久的慰藉，以及不受攪擾的完美安息嗎？

　　面對這一長串的緊密追問，多半人大概會毫不遲疑地回答說：「是的！」至少也會自認為是「想要」平安幸福的；但骨子裡，我們更想要的是滿足自己的特殊需求。我們投入畢生之力要在世上「得到關心，感到安全……永遠不受傷害」，而世界也彷彿盡量在滿全我們的期望，暫且為我們解除一些痛苦、焦慮和孤獨，甚至讓我們嘗到那麼一點快樂平安的甜頭。只是好景不長，世界最終必會令我們失望的。正是這一領悟，將我們帶入奇蹟之門，向上求助，尋找出路，渴望心靈的明師出現。也只有那時，耶穌的教誨才能發揮作用，教導我們藉由寬恕化解過去學到的一切，讓真正的幸福與平安重臨心中。

　　凡是真正實踐過「寬恕」真義的學員都會慢慢領悟到，原來寬恕並不是向耶穌說「是」，而是向小我說「不」。下面這兩段課文先前已經引用過一部分了，我們再讀一遍全文：

> 因你在答覆「是」之時，未必意識到那個「是」必然意味著「不是否」。沒有人會故意排拒幸福的，但如果他並不知道自己在做什麼，又怎能覺察得出自己在排拒？而且，幸福在他心中若是忽而這樣，又忽而那樣，變幻莫測，好似夢幻泡影，他當然會排拒這種幸福。

令人捉摸不定的幸福，或是隨時空變化無常的幸福，極其虛幻而沒有意義。幸福必然是恆常的；但你必須不再寄望於無常之物才可能得到恆常的幸福。（T-21. VII.12:4~13:2）

當我們敢正視小我的選擇，且在它否定上主永恆生命的那一刻，說出「我再也不願這麼活了」，恆常的真幸福便會返回心中。那時，我們更能領會耶穌向海倫說的這一句話：「上主必會大力協助，所有的天使都樂於回應你的。」（《暫別永福》／暫譯 P.381）確實如此，對小我簡單又不含糊地說「不」，這個決定乃是寬恕的真諦；幸福必會溫柔寧靜地浮現意識中，讓我們活得平安而自在。

(2) 寬恕會給你這一切，甚至更多。當你甦醒時，它就在你眼前閃耀，讓你滿懷喜悅地迎向這一天。當你入睡時，它輕撫你的額頭，安歇於你的眼瞼，使你不再夢見恐懼與邪惡、敵意與攻擊。當你再度甦醒時，它又為你帶來一天的幸福及平安。寬恕會給你這一切，甚至更多。

耶穌不斷提醒奇蹟學員，要特別留意自己的「不幸福與罪咎」和「選擇小我而背棄聖靈」兩者之間的**因果關係**。他告訴我們，若想改變結果（亦即將煩惱痛苦轉為幸福喜樂），我們就必須改變它的起因。這個改變過程即是寬恕；推到究竟，其實就是改換老師而轉變心態。

　　如果我們真心想要回家，從噩夢中醒來，就必須在不快樂的「因」上頭好好下功夫，也就是當小我向上主說「不」時，我們得趕緊對小我說「不」才行。這意味著，每當我不平安時，心裡其實很清楚，絕不是因為我所認定的任何理由，而是由於自己選錯了老師，聽信了小我之言，錯以為只有抓緊怨尤才能爭回自己想要之物。說穿了，所有的疾病、痛苦無非都是為了達此目的。話說回來，我們必然對小我這套說詞深信不疑，否則豈會不斷選擇它，老是為了一些小事生氣或大肆批判，繼續追逐特殊關係來填滿內心的空虛。這才是我們活得如此不平安的根本原因。

　　總之，若想真正幸福，唯有選擇寬恕一途。只要看看我們自己，大部分人多半時候活得並不快樂，表示我們選擇了怨尤，聽信了小我的反面說詞：「只要發動攻擊或生病受苦，便能滿足某種願望。」耶穌希望我們能誠實地承認：原來這一切純粹是咎由自取，我不能再將自己的不快樂歸罪於任何人或任何事了。

　　下面這一段話道盡了寬恕的真諦：寬恕並非什麼正面之舉，不過是消除負面後果而已。前文已說過，寬恕要我們退後一步，透過耶穌的眼睛觀看彼此的小我。如果沒有耶穌慈愛的陪伴，真的很難不作評判，更別指望單憑自己就能夠揭開罪咎和痛苦的障眼面紗了。所以耶穌才會這樣說：

(3:1~2) 若以不寬恕的眼光去看世界，你是看不見基督聖容

的，唯有寬恕能夠揭去那障眼的面紗。它會幫你認出上主之子，清除你記憶中所有致命的念頭，如此，你對天父的記憶才會浮上心頭。

所謂「致命的念頭」，指的就是小我思維，比方說：貪執個體性和特殊性，戀戀不捨罪咎懼還樂此不疲地投射到他人身上。不消說，這一切只是企圖埋藏「上主的記憶」那一片面紗而已。各位可還記得先前討論過的「平安的障礙」那一節，最後一道障礙就是「對上主的恐懼」。文中說得很清楚，只有寬恕特殊關係中的弟兄，才解除得了內心的恐懼而憶起天父的。在《奇蹟課程》中，「認出弟兄的基督面容」象徵的就是寬恕；唯獨寬恕，方能將我們從小我罪咎和仇恨的牢獄中釋放出來。讓我們再讀一遍「揭開面紗」那一小節當中的兩段，對耶穌這些鼓舞人心的話語，我們早已不陌生了，它為我們描述了穿越平安的四道障礙之後的高峰狀態：

> 就在此地釋放你的弟兄吧，如同我釋放了你一樣。給予他這「同一」之禮，不再用定罪的目光去看他。看出他的清白無罪，就如同我看你這般，視而不見他在自己身上所見到的種種罪過。就在這充滿痛苦與死亡的幻境中，向你的弟兄獻上自由之禮，將他由罪中徹底釋放出來。如此，我們等於是一起為上主之子的復活鋪路，再給他一次復活的機會，歡欣地憶起天父；天父對罪與死亡一無所知，祂只知道永恆的生命。

於是，我們便會一起消失於隱身在面紗之後的神聖「臨在」中；這不是迷失，而是被尋獲；不是被看見，而是被了知。了知上主救恩計畫中的一切必會圓滿完成。這是你此生的目的，缺了這一目標，你的人生旅程顯得荒謬無比。上主的平安盡在其中，而且他已將此平安永遠賜給了你。你所尋覓的寧靜與安息亦在其中，你當初就是為此目的而踏上這一旅程的。天堂是你虧欠弟兄的禮物，你有眼不識上主之子的真相，也就是天父創造他的本來面目，你至今仍虧欠他一份感恩之情。（T-19.IV.四.18~19）

總而言之，如果我們真心想得到寬恕的禮物，必須毫無例外地把這份禮物推恩到聖子奧體的每個人身上。

(3:3~5) 你還有什麼需求是寬恕所不能給的？除了這些禮物，人生還有什麼其他東西值得你去追求？那些如夢如幻的價值、微不足道的成果，或是稍縱即逝的許諾，豈能比寬恕給你更大的希望？

耶穌在本課一開頭就再三提出了這樣的反問。他把自己的禮物和小我的禮物並排在我們眼前，好似在問我們：「你到底要選擇哪一個？」《奇蹟課程》的一個重要觀念即是一針見血地指出：人們其實很享受痛苦，因痛苦不只凸顯出自己與眾不同，還能讓他人或他物為我的不快樂負責。總之，不論什麼苦，我都能忍受，只要別說那是我咎由自取就行了。究竟而

言，我們若不快樂，完全是出於自己的選擇，而耶穌想要幫我們看清的，無非就是這種瘋狂至極的心態。

(4:1) 你為什麼還想在一切問題最終的答覆之外尋求其他解答？

　　短短一句話，就刺進了特殊關係的要害——特殊關係最愛在沒有答案的地方尋找痛苦的出路。耶穌曾問我們為什麼不敢要求更多，反倒以少為足（T-26.VII.11:7）。換句話說，我們根本不敢奢望盛宴，卻寧可啃食殘餚果腹；或只抓住幾個音符，而不敢聆聽整首天樂。耶穌在〈頌禱〉一開篇具體地答覆了上述的反問：

> 祈禱的祕訣就是忘卻你心目中認定的需求。祈求具體之物的心態，與「先看出對方的罪過，再設法寬恕」如出一轍。因此，祈禱時，你也應放下心目中的具體需求，一起交託到上主手裡。如此，它們變成了你獻給上主的禮物；你等於向上主說，自己無意在祂面前設置偶像，你唯祂的聖愛是求。那麼除了「憶起上主」，祂還可能給你什麼答覆？你豈能讓那些轉眼即逝的問題或微不足道的建議，取代祂真正的答覆？上主只會給予永恆的答覆。人生枝枝節節的答案早已包含在這個答覆內了。（S-1.I.4）

　　耶穌明明給了最終答案，足以滿全所有的願望及需求，還能帶來人人渴望的平安幸福，為何我們仍苦苦地等候世界微不

038   學員練習手冊 行旅 5

足道的施捨呢？

(4:2) 針對世間不完美的問題、無謂的要求、心不在焉的聆聽、虎頭蛇尾的努力，以及片面的信任等等，沒有比這更完美的答覆了。

　　請看，短短幾句話就囊括了人類所有的抵制心態。儘管我們也會求助，但多半言不由衷，否則我們不會仍在苦海裡沉浮，早就向內在的聖靈求助而脫胎換骨了。要知道，缺了一份真心，任何祈求都將變得毫無意義。因為只有一種祈求是有意義的，就是請求聖靈教我們寬恕；也唯獨這種祈求才會帶來有意義的答覆。試問，還有比這更簡單的事情嗎？

> 祈禱是「有所求」的一種方式。它是奇蹟的媒介。但只有祈求寬恕才算是有意義的祈禱，因為已受寬恕的人擁有一切。一旦接受了寬恕，世俗的祈禱頓時顯得毫無意義。祈求寬恕，不過是祈求認清自己早已擁有的一切。（T-3.V.6:1~5）

　　是的，唯有寬恕足以讓我們體會到自己確實是最富足的上主之子。這令我想起著名作曲家蓋希文（Gershwin）一句歌詞：「誰還能要求更多呢？」

(4:3~5) 答案就在這裡！不要再東尋西覓了。你不會找到其他答案的。

小我既然認定所有問題都起於自心之外，它當然也會唆使我們向世界或身體索求答案。事實上，真寬恕和外在事件一點關係都沒有，它只可能發生於心靈內；心靈才是一切問題的淵藪。關鍵是，只要我們仍想保住自己的個別身分，一定會在沒有問題的地方找出問題，繼而向世界索取答案，甚至幻想自己能夠把聖靈拐入夢境，由祂代為解決問題。我們很快就會在第一百二十六課看到，耶穌給了這種別有居心的寬恕一個名稱——**毀滅性的寬恕**。

(5:1~2) **上主對你的救恩計畫是不可能改變，也不可能失敗的。你應為上主計畫的永恆不渝而稱謝不已。**

無庸置疑，「上主的計畫」這類說法只是一種比擬而已，象徵聖子終於在心中找到了答案，也就是透過聖靈而領受了上主之愛。不論我們自認為闖下什麼大禍，也無法改變救贖的事實，只因沒有任何事情改變得了天堂。所謂上主的救恩計畫，不過是指我們終於接受了聖靈的修正，使得小我想利用分裂來改變天堂的企圖無法得逞。

(5:3) **它千古不易地立於你前，有如一扇敞開的門，門後傳來的歡迎之聲如此溫馨，你應邀而入，有如置身家中，這才是你當在之處。**

耶穌在此說的即是正念之心，那是終極答案所在之處。是我們把上主永恆不渝的愛封鎖在那裡，故也有待我們重新開啟

這一記憶。前一課之所以用鑰匙來比喻寬恕對幸福的關鍵作用，正因它能開啟深鎖的金庫，使那等候已久的真理答案得以重見天日。也唯有投入耶穌門下，方能用他愛的鑰匙開啟這座金庫。然而，我們得先有這一認知：世界不是我們的家，人間永遠苦海無邊。否則，我們是不會甘心接受救恩溫暖的邀請的，也因而與那不曾離開一步的愛一再失之交臂。

> 因為在那面紗之後〔即開啟的心門〕深深吸引著你的東西，也存於你心靈深處，兩者根本是同一物，此呼彼應，永不分離。（T-19.IV.四.7:7）

(6:1~2) 這就是一切問題的答覆！整個天堂都在裡面等候你，你豈願繼續置身於其外？

再說一次，答案就在我們的正念之心內，靜靜等候著我們作出接納它的決定。「置身於其外」，是指我們再度選擇以小我的罪咎懼為家。當初就是透過這個不可告人之秘的投射，而打造出這種身體與世界的人生大夢。幸好，聖靈愛的答覆始終在這個夢境之外等待我們回家，等待我們永恆安息於祂內。

(6:3~4) 寬恕他人並接受寬恕吧！你就在給予之際，同時領受到了。

這一小段話再次透露出一體的真相。心靈既是一體不分的，我若對你有怨，一定也會同樣怨恨自己。說得更透徹一點，是我先恨了自己，才把怨投射到你身上的。為此之故，當

我改變了對你的心態，眼光由有罪的你轉向無罪的你時，不正
表示我對自己的心態也轉變了？要之，我是怎麼看你的，**就會**
怎麼看自己，因為我們都在同一個罪咎之夢中，都在想方設法
逃避懲罰而把罪咎推到心靈之外。如今，我們終於能夠共享聖
靈的喜夢，在夢中相互寬恕，因為「施與受是同一回事」。

(6:5~7) 除此之外，上主之子沒有其他的救恩計畫。讓我們今
天一起來慶祝這一事實，因我們在此所得的答覆如此清晰，如
此單純，讓你無從扭曲。世上所交織成的錯綜複雜之網是如此
不堪一擊，它一面對真理單純無比卻具無上權威的宣言，便銷
聲匿跡了。

　　〈正文〉曾說：「複雜乃是小我愛玩的把戲。」（T-15.
IV.6:2）小我那套思想體系可說複雜到了極點，竟能讓我們以
為自己真的如願以償而不惜扭曲現實，甚至誤以為自己做了根
本不可能發生的事而淪為可憐的罪人。小我還能把上主變得和
我們一樣瘋狂——祂竟然企圖奪回我們從祂那裡偷走的東西。
這種瘋狂心理投射於外，形成了物質宇宙和血肉之身。說它
「複雜」，已是最客氣的形容了，想一想，要維繫一具身體的
存活，不只難度極高，還不能疏忽片刻，再加上心理的特殊需
求，不難看出小我為我們打造了何等高明的亂局。說真的，我
們能熬過一天，就很了不起了。

　　《奇蹟課程》對這一亂局的答覆簡單至極：「這一切是不
可能發生的！世界之夢永遠只是一個夢而已。」寬恕的真諦

即是退後一步，在耶穌愛的陪伴下，正視自己打造的世界和妄心這兩種夢境，並且看清它們不過是一片虛幻而薄弱的面紗，企圖隱藏真理，不容我們目睹光明，僅此而已。只要我們鼓起勇氣正視罪咎打造的世界，它們立即銷聲匿跡，再也遮蔽不了上主的聖愛之光。話說回來，若要達此境界，需要一個先決條件，即我們真的不再縱容自己，不再堅持自己是對的，而且不再為虛幻自我辯護才行。如此，世界的複雜假相頓失立足之地，我們便能一眼看穿自己的愚昧企圖而一笑置之。請記住，建立在罪咎之上的整套思想體系，絕非什麼銅牆鐵壁，反倒像是不堪一擊的蜘蛛網。現在，讓我們再次領略下面這兩段〈正文〉的描寫：

> 看似真實的罪咎，其實是一種幻相，把自身變得如此沉重、晦暗而讓你看不透，它是小我思想體系的真正基礎。你很難看出罪咎薄弱與透明的一面，除非你著眼於它後面的光明，你才可能看清罪咎不過是懸在光明之前的一片輕薄面紗而已。

> 那看起來沉重無比的障礙、堅實如岩的人造地基，好似銅牆鐵壁，其實只是一團低垂的烏雲，擋在陽光前面。它那無法穿透的外表，純粹是個幻相。一遇到高聳的山峰，就會輕輕退讓，絲毫阻擋不了嚮往陽光而決心攀登頂峰的人。它甚至擋不住一粒釦子掉落，也承受不了一根羽毛。沒有東西能駐留其上，因

為它是一個虛幻的地基。你只需伸手輕觸，它就消失了蹤影；你若企圖捕捉它，也一定撲個空。（T-18. IX.5:2~6:6）

一言以蔽之，幻相不論多麼複雜，也永遠無法掩蓋救贖的單純真相。

(7:1) 這就是一切問題的答覆！

這句話不論重複多少次都不為過，正因為小我總是蠱惑我們朝特殊性那兒去找答案，耶穌才會不厭其煩地重複他的修正方案。

(7:1~5) 這就是一切問題的答覆！不要再迴避而漫無目的地流浪了。現在就接受救恩吧！它是上主的恩賜，超乎世界之上。只要是接下上主恩賜且納為己有的心靈，世界再也無法給它更貴重的禮物了。

如果上述所言真實不虛，那麼，只要我們拒絕了上主，小我便高枕無憂了。然而，凡是接受了耶穌並體驗過他的愛的人，即使只是一瞬的光景，便很難再相信世界的空洞承諾了。為此，小我絕不會坐視不管，定然加大火力不斷向我們灌輸它那套思想，慫恿我們判斷、怨恨、生病，為自己編造不存在的問題然後去尋求不存在的答案。究竟是什麼驅使我們從愛到罪咎、再一直進入到身體，竟然獨自「漫無目的地流浪」？說到究竟，全都源於這一念：我若讓光明與愛進入心中，世界對我

的那一點意義便難以立足了。正因如此，聖靈才不時溫柔地提醒我們：「返回天鄉或留在地獄，完全操之於你。」祂臨在我們心中，而且證明了天堂之愛從未缺席過，我們卻瘋狂地想將它隱沒。如今，我們終於可以選擇讓它重現心靈了。

(7:6) 上主願你今天就領受救恩，你便不難看清那錯綜複雜的人生夢境的虛無真相。

　　除非我們正視自己的夢境，否則很難看清它的虛幻。為此，寬恕最簡單的定義就是：「不帶批判地正視小我。」但是光憑自己，根本無法面對小我的恐怖面目，難怪《奇蹟課程》三番兩次請我們改換老師。小我還有另一高招，就是讓我們相信，即使自己值得拯救，那也是未來的事。如此一來，不僅線性時間，連帶它的肇因「罪咎懼」也一併被弄假成真了。耶穌才會在此特別點出，救恩就在當下，有罪的過去以及它所引發的未來，一切都未曾發生過。

> 你目前只剩下一個問題了，即是從你寬恕了弟兄到你因信任弟兄而獲益之間，你會看到一段青黃不接的過渡期。……救恩其實近在眼前。除非認出這一事實，否則你必會害怕救恩……。救恩會將你在彼此之間所看到的那段距離一掃而空，它會在瞬間將你們結合為一。這才是你最害怕的「損失」。……你並不害怕未來的失落。真正讓你害怕的是你現在就得跟弟兄結合。除了當下此刻，你豈會感到孤立無助？未來的因

還未產生任何後果哩！如果你擔心未來，表示那一定牽涉到此刻的因。需要修正的只限於當前之「因」，而不是未來可能發生的事情。……不要再用未來的幸福自我安慰了。它毫無意義，也不是你應得的賞報。因你現在就已擁有自由之因。……不要再著眼於時間了，你的眼光應放在你們之間的小小間隙上，那才是解脫的關鍵。……如今，你已決心為聖靈的目標效力了。祂的幸福不也應是你的幸福嗎？（T-26.VIII.1:1; 3:1~2,4~5;4:3~8;9:1~3,7,9~10）

　　唯有寬恕，我們才可能看清這一真相，將我們從恐怖的時間牢獄釋放**出來**，**進入**幸福之境。也就是說，我們現在就可以接受救恩，無需等到下週、明年、下半輩子或來世，而是**現在**。如果我們真有此心，隨時都能「贖回」上主這份禮物——神聖的一刻。只要好好練習這幾課，必會加速幸福的來臨。

(8:1) 今天就張開眼睛瞻仰那安全而和平的幸福世界吧！

　　言下之意，我們全是睜眼的瞎子，因為我們看到的東西根本不存在，還自以為看得一清二楚。耶穌卻直言我們的眼睛看不見，耳朵聽不到，大腦也無法真正思考。因為肉眼所見到的，最多只是夢中景物而已。所謂「張開眼睛」，等於牽起耶穌的手，透過他的慧眼去看一切，那麼，小我那充滿矛盾且危機四伏的世界，必會轉換成「安全而和平的幸福世界」的。

046 學員練習手冊 行旅 5

(8:2) 寬恕是幸福世界得以取代地獄之苦的不二法門。

「幸福世界」和後文第十二段提到的「真實世界」，都是指被寬恕的心靈境界。〈正文〉「罪離去之後」那一節開頭的第一段所描述的，正是那個被寬恕的世界：

> 人間的寬恕近似天堂的正義。它能將罪的世界轉譯為單純的世界，反映出彼岸的正義，那兒沒有任何對立或限制。那兒只有浩瀚無邊的愛，無需任何寬恕。人間的愛心善行，一過天堂之門，就得讓位給單純的正義。唯有仍相信罪的存在，而且相信自己有待寬恕的人，才需要寬恕別人。寬恕乃是學習看出自己並沒有做出什麼有待寬恕之事的必經之途。寬恕會始終留在給出寬恕的人身上，直到他看出自己不再需要寬恕為止。到那時，他才算重拾道地的創造任務，這是寬恕對他的再造之恩。（T-26.IV.1）

(8:3) 當亙古常新的真理由你意識中升起時，寬恕便會靜靜前來，向你開啟的雙眼致意，你的心會洋溢著深湛的寧靜。

是的，天人不曾分裂，我們永遠是上主之子，這個「亙古常新」的真理也始終保存在我們的心底。既然企圖埋藏這一真理的是我們自己，那麼，撤除這一記憶的障礙自然成了我們此生的任務。寬恕乃是完成任務的**手段**，讓上主的平安重臨心中則是最終的**目的**。

(8:4~5) 那時，你所憶起的境界，絕非筆墨所能形容。這正是你的寬恕要給你的禮物。

耶穌解釋過很多次了，「再度憶起」那種心境絕非我們所能了解，因為上主的愛全然超越了人類的理解能力。然而，我們是**可能**了解那足以喚醒上主記憶的寬恕的。

接下來的第九段，開始解說操練方法，它和所有的練習一樣，都是為了提升我們的悟性。

(9) 我們一邊記住寬恕的禮物，一邊懷著希望與信心進行今天的練習，相信我們今天就會獲得救恩的。今天我們要歡欣熱切地起身追尋，而且充分意識到這把鑰匙就在我們的手中，讓我們接下天堂對我們自己營造出來卻不願活在其中的地獄之答覆。

本段好似告訴我們，若非「歡欣熱切地」練習，還不如不練！若想在本課程中進步神速，這種熱忱之心至關重要，一旦欠缺了，不僅無法抵擋小我那「熱切」的分裂之心，還會「歡欣地」繼續被它奴役下去。話說回來，我們需要先認出個體價值等於地獄，一體真相才是天堂，如此方能心甘情願地接受新老師、學習新功課。那時，我們便會歡欣鼓舞地從新老師手中接下他一直想送給我們的寬恕禮物——開啟幸福之鑰。現在就和耶穌同心合力吧，因為我們已經擁有開啟天堂的鑰匙了。

(10) 我們每天早晚都歡喜地騰出一刻鐘的光景在心中搜尋一

下，這保證會結束你的地獄之苦。滿懷希望地啟程吧，因我們已經抵達轉捩點了，此後必會水到渠成，一帆風順的。如今，前程已經在望。我們真的很接近夢境所註定的終點了。

懷著新生的熱忱，欣然迎接每一次的練習吧！顯示自己完成這趟旅程的決心，即預告了小我噩夢的終結。我們在這個交叉路口所作的決定，成了此生的轉捩點，日後必然一帆風順的。〈正文〉在「交叉路口」那一節為我們描述了這關鍵性的決定：

> 當你來到一處，迎面而來的就是一個交叉路口，你不能不暫且駐足，而且勢必要選擇其中一條。你若順著來時方向繼續向前，只會莫知所終。你過去學到的一切全是為此決定所作的準備。來時之路已無足輕重，也發生不了任何作用。走到這一地步的人，不易再作出錯誤的選擇，但他仍可能故意拖延。這個交叉路口可說是你整段旅程中最令你感到彷徨無助的一刻，你不知該選擇哪一條路才好。（T-22.IV.1）

(11) 當你開始作此練習時，不妨讓自己沉浸於幸福感內一會兒，因為只要你肯接受這一答案，這些練習必會帶給你疑慮盡消的賞報，以及你接受這答案之後必享的幸福。今天，你必然感受得到寬恕帶給人的平安，以及揭開面紗後的喜樂。

我們何其有幸，得此妙法而安返家園。一個答案就解開了所有的疑慮，人間還有比這更大的喜悅嗎？連我們所渴望的平

安也都在那個解答裡了。我們繼續讀「交叉路口」的另一段，感受一下，當耶穌看到他的寬恕所帶給我們的喜悅時那種興奮之情：

> 你與弟兄已並肩站在這片聖地上，你與基督聖容之間也只隔著一片罪咎的薄紗。掀開面紗的時刻到了！與你的弟兄一起動手吧！你們中間如今只剩下這片薄紗了。……如今，這片薄紗對你形同虛設，因為平安已穿透它，就要觸及面紗這一邊的你了。不妨想像一下此後的美景。基督之愛會照亮你的面容，再從你的臉上照向那亟需光明的黑暗世界。祂會與你一起由此聖地返回人間的；其實祂既未離開聖地，也未離開你一步。你就這樣成了基督的使者，使祂終於得以回歸自己。
>
> 再想像一下你與祂並肩同行的美妙景象！想一想你和弟兄相看兩不厭的美妙神情。你們獨自流浪了那麼久，如今終於團圓了，真是天大的喜事！此刻，天堂之門為你大開，你同時也為其他淪落天涯的弟兄開啟了天門。凡是在你內看見基督的人，都會歡躍不已。你終於看到了面紗之後的美景，還會以此美景照亮與你過去一樣淪落天涯的倦客。他們由衷感激你翩然來到他們當中，以基督的寬恕為他們祛除了罪的信念。（T-22.IV.3:1~3,5~9;4）

　　凡是嘗過這種喜樂滋味的人，誰會甘心再度蒙上判斷的黑紗離間弟兄而自毀幸福，除非他瘋了！要是能再把寬恕的答案推恩給尚未接受它的人，天地都會為之歡躍不已！

(12:1) 今天，世界會在你接受的光明之前悄然隱退；……

　　我們一旦能把心內的罪咎及攻擊之念置於光明中，光明自會驅散複雜又黑暗的小我世界。「悄然隱退」的世界看似有跡可循，其實只是罪咎的一抹陰影而已。故當一個人寬恕之時，眼前這個世界並不會隱退，究竟來講，根本不存在之物又何來隱退？所隱退的，其實是人心內的罪咎之念，那才是寬恕要化解的對象。我們務必牢牢記住這一觀念，否則很容易偏離奇蹟的正道。

　　由此可知，當我們把陰暗的罪咎帶入耶穌的愛內，和他一起面對，罪咎必然消失於光明中。因為罪咎是源於我們和耶穌及上主的分裂之念，我們一與耶穌結合，便當下瓦解了黑暗的存在之因──分裂。而整個世界都不過是那分裂之念的陰影而已，故這抹陰影也只可能在合一的光明中霎時遁形。

(12:1~2) ……你會看到另一個筆墨難以形容的世界浮現眼前。讓我們現在就昂然步入光明之中，接下那太初之始即為我們保留且等著我們領回的禮物。

　　這段描述的就是真實世界。它並不是一個有形的地方，比方說，你在練習之前感到烏雲滿天，做完練習後頓覺陽光

普照。本段絕對沒有這個意思，這種怪力亂神的想法，不僅傲慢，而且違背了奇蹟精神。確切而言，消失於真實世界的，是心靈的陰影，救贖之光因而得以大放光明，如此而已。耶穌在〈正文〉的最末尾，描述了他要引領我們和弟兄所進入的美妙境界，讓我們再讀一遍這段鼓舞人心的話語：

> 蒙受救恩祝福的弟兄，別再充耳不聞了，請聽我說：我對你唯一的要求就是你自己的解脫。這個世界能夠變得無比可愛，無所不容，與天堂只有一步之隔，地獄在此無法立足。我已為你疲倦的眼睛帶來一個嶄新的世界，如此地清新、潔淨，它會使你忘卻往日的哀傷與痛苦。但你必須把慧眼之所見與身邊每一個人分享，否則你自己也無從看見。唯有給出這份禮物，你才可能享有這禮物的祝福。這是慈愛上主的天命，使你永遠失落不了這一禮物。（T-31.VIII.8）

(13) 寬恕會給你所要的一切。你想要的一切，今天都會賜給你。在這一天，縱然你還得回頭面對那變化無常又荒蕪貧乏的世界，切莫讓這一禮物由你心中消逝。設法把這份禮物保存於你清晰的意識裡，只要你能在變化的核心看到那不變之物，在表相之後看到真理之光。

　　話說回來，如果我們不在日常生活裡具體實踐，這些練習根本形同具文。我之所以如此反覆強調，只因〈練習手冊〉也如此反覆強調。唯有勤加操練，才能體會這一段話的深意。

也就是說，光是在冥想中證得神奇的體驗是不夠的。例如有些人會看到罪咎的陰影從心中消失，或耶穌現身於燦爛榮光中，甚至自己也在他身邊閃閃發光；也有些人和耶穌一起正視世界後，確實感到世界消失了。然而就算如此，沒隔多久，又對世界不滿了，開始焦慮、失去耐心，或生氣、生病……。其實，耶穌要我們面對的是「*變化無常又荒蕪貧乏的世界*」；唯有誠實面對發生於現實生活的種種事物，才可能感受到真理的光明、寬恕和愛；如此，不管周遭發生任何狀況，我們依然能活得心安理得。

　　總之，這幾課的立意所在，並非要我們在清晨、白天或深夜獨處時，享受幾回神聖的時光，而是要我們把上述真理運用在現實生活中，「*能在變化的核心看到那不變之物*」。世事變化無常，今天讓我們高興的事，明天就未必了；今天喜歡的人，明天又不愛了。唯一永恆不易的，只有上主的愛，它會透過耶穌和聖靈的象徵而臨在我們心中，為此，耶穌叮嚀我們牢記當天的主題來度過每一天，迎向現實的挑戰，將無常的世事帶入永恆的愛中、把虛幻的表相帶入真相內，如此，我們便會「*在表相之後看到真理之光*」。

(14) *試著別讓你的禮物悄悄滑入遺忘之境，每一刻鐘至少用一分鐘的時間想起它們，且牢記心中。你不妨用下面的話來提醒自己這一禮物的珍貴性，它會幫你在這一天中隨時覺察到自己的禮物的：*

寬恕會給我想要的一切。

今天我已接受了這一事實。

今天我已領受了上主的恩賜。

　　耶穌如此要求我們今天盡可能活出本課的教誨，純粹是**為了我們**的益處。他希望我們最好每十五分鐘操練一回，而且多多益善。萬一忘了，也應心裡有數，那並非由於自己記性不好，而是內在的恐懼使然。這一領悟會將我們帶到抉擇者那兒，在那兒，我們曾經作過一個決定，為了掙得一個個體生命，不惜累生累世受苦下去。如今我們終於意識到那個決定，因而有了重新選擇的機會，並且憶起自己真正渴望的，只是結束痛苦、重享平安而已。唯有以此恩典為人生目標，我們才會「熱切」而且「歡欣」地選擇寬恕。從此，微笑取代了眼淚，祝福解除了詛咒，真理驅散了怨恨。一如〈正文〉所言：

　　遠古的奇蹟終於能以祝福取代那蓄意傷人的千古宿
　　怨。（T-26.IX.8:5）

第一百二十三課

感謝天父賜我的禮物

　　本課的主題乃是「感恩」。我在第一百二十二課一開始便已說過，這幾課的主旨在於修正不知感恩的心。只要我們還自視為個體生命，把這個生理與心理之我看作珍寶，而且還不斷追逐特殊性，是不可能對上主心懷感恩的，因為祂本身的存在對分裂而成的我而言，基本上就構成了最大的威脅。不消說，具有威脅性的是真實的上主，而不是小我夢中打造出來的神明——只因道地的真神根本不可能知道小我的存在。所謂「憶起上主」，即是憶起我們是祂生命的一部分。一旦回歸這一體生命，個體的我頓失意義，它**真的**純屬無中生有，只是幻想出來的虛幻人物而已。

　　基於這個真相，本課的修正必然建立在這樣一個前提——承認我所渴望的個人價值並沒有帶來快樂，所追逐的特殊性也絕不會帶給自己真心想要的平安、喜悅和愛，因而打從心底喊

出：「一定還有另一種看待自己和世界的方式才對！」這等於在說：「謝天謝地，我原有的看法全錯了，上主那一套才是對的。」總之，只要我還堅持我心目中的自己和世界，是不可能心懷感恩的。試問，誰會感激一個跟自己的看法徹底南轅北轍的神明、課程或老師呢？

(1:1~3) 今天讓我們懷著感恩的心。我們已經踏上了更為平坦的人生道路。你再也不會起退轉之心，也不願頑強地抵制真理了。

這類鼓舞人心的話語在〈練習手冊〉中屢見不鮮。耶穌當然知道我們目前的心態並非真正肯定不疑，否則他就無需如此苦口婆心開導我們了。他的肯定語只不過想要喚出我們的正念之心，選擇他的「平坦道路」。他明知我們仍在抵制真理，不時生起退轉之心，屢屢將這部課程束之高閣，但他無意讓我們內疚，只希望我們明白這些抵制絕不會帶來幸福。因此，耶穌其實是在向渴望平坦的寬恕之路的那一部分心靈喊話，為我們加油打氣。

只要仔細玩味下一句話，我們便不難體會出耶穌的觀點和我們的想法多麼不同！

(1:4) 雖然你有時難免還會搖擺不定，或偶有異議及遲疑，但只要你想起那超乎你理解的收穫，你會更加感恩的。

〈正文〉第十八章「幸福美夢」那一節的開頭，耶穌曾說

過，我們根本不知道自己是怎麼一回事：

> ……因你連進步或退步都分辨不清。你曾把自己幾個
> 顯著的進步評為失敗，卻把嚴重的退步視為成功。
> （T-18.V.1:5~6）

換言之，我們根本不了解自己，更遑論欣賞或評估自己在靈性道上的進展了。由於我們常被小我勢力所震懾，才會覺得自己那一點努力根本乏善可陳。然而，耶穌卻認為，我們所成就的這比自己意識到的要大得多。雖然離階梯頂端還遠，但憑著我們對他的承諾以及學習的願力，這已經是非常難能可貴的收穫了。

(2:1) 今天你若更用心地感恩，有助於你開啟慧眼，讓你看到你所有成長與種種恩賜所延伸出去的無盡寶藏。

要知道，這類「成長」所奠基的，全憑我們返回天鄉的決心，還有研讀及操練本課程的認真態度。平心而論，今天已經進入第一百二十三課了，表示我已操練了 122 天，原本，我大可練個三五天就放棄，當然也可能還未開始就打退堂鼓，然而我畢竟堅持到今天；儘管有時會敷衍了事甚至懷有特殊目的，但至少表示心內仍有一部分願意受教，故應引以為傲才對，實在不必盯著自己的抗拒或失敗而自責。故說「更用心地感恩」，除了感激我們的老師及他的課程，也別忘了感激自己這份受教的願心。

(2:2) 今天，歡樂吧！以愛心感謝你的天父從未把你交到你自己的手中，也不曾讓你孤獨地徘徊於陰暗幽谷。

　　一小段話就徹底瓦解了小我投射的謊言。小我一邊說不是我們背棄了上主，而是祂背棄了我們；一邊又說，就算是我們決定離家出走的，祂也該出面攔阻，向黑暗世界伸出愛的援手，把我們拉回天堂才對。反正小我的立場永遠是「這一切都是上主的錯」。然而，如果我們了解上主無法拯救我們的真正原因，必會由衷地感恩祂。因為上主若進入黑暗陰府，就意味著陰府真的存在，分裂也確實發生了，如今非得靠祂來拯救不可。謝天謝地，原來上主根本不知道分裂這一回事，更不可能想到要拯救我們，那麼，祂永恆不變的存在真相便成了我們唯一的希望。難怪耶穌在〈正文〉中要我們寬恕上主，因祂並沒有變得跟我們一樣，也絕不可能跟我們在罪咎懼的遊戲場糾纏不休。這豈不是表達得很清楚嗎——我們根本沒有犯罪，那個分裂之我也不會受到任何懲罰：

> 寬恕你的天父吧！將你釘上十字架絕非祂的旨意。
> （T-24.III.8:13）

　　是的，唯有寬恕了這位造物主，我們才會對上主的**永恆真相**感恩不已。聖子的生命也因著上主的存在實相變得穩如泰山；即使陷入昏睡，遺忘了一切，上主的記憶始終在聖子心中屹立不搖，溫柔地呼喚他覺醒且活在喜悅中。試想，活在咎與懼的暗夜中的我們，怎能**不**對這道永恆光明感激涕零！

(2:3~4) 感謝祂將你由自己為了取代祂及其造化而打造出來的自我中救拔出來了。今天，向祂獻上你的感恩吧！

　　這兒又重申一遍，我們的得救是靠「上主永遠是上主」這一單純真相。〈練習手冊〉有一句話更是一語中的：「我們只能說：『上主永恆如是』，然後便緘默不語。」（W-169.5:4）除此之外，我們還能說什麼？祂永恆不易，不會把錯誤當真，也不會弄假成真，更不可能看到聖子與祂分裂為兩個生命。正是這一終極實相，成了一切幻相的得救基礎。

(3) 感謝祂從未遺棄過你，感謝祂的聖愛永遠照耀著你，永恆不易。同時也為你自己的永恆不易而感謝祂，因祂所鍾愛之子如祂一般永恆不易。為你的得救而感恩吧！為你在救恩中所負的使命而歡欣吧！你應慶幸自己的價值遠超過你賜給自己的菲薄禮物，也超過你對上主視為己出之聖子的褒貶臧否。

　　然而，只要我們還認為自己活在世上，就很難生出這樣的感恩之情。除非我們不再投注於充滿特殊性的個體身分，才可能心存感恩。可以說，我們的感恩等於是向上主說：「謝天謝地，祢是對的，我全想錯了。」這就是真正的謙卑，而謙卑的人才會滿懷感恩。但話說回來，在此之前，我們必須先完成自己的寬恕功課才行。

(4) 今天，我們要高舉感恩之心，超越絕望，抬起感謝的眼神，不再一味俯視地上的塵土。今天，我們要唱出感恩之歌，

向我們的自性致敬，那是上主願我們活在祂內的本來面目。今天，我們要向遇到的每一個人微笑，踏著輕快的腳步去做我們被指派的工作。

「被指派的工作」，指的就是寬恕。言下之意，我必須先意識到自己多麼不甘願放下批判和特殊性，多麼不想向每個相遇之人展露笑容。確實，我的微笑只限於自己有所求的人，還要對方按照我具體的需求來滿足我特殊的期待。也因此，如果真的有心寬恕，首先就得覺察自己多麼不想寬恕，多麼不甘改變自己的看法。每當我意識到自己不想對你微笑或溫言軟語時，才知道，原來我也是一向如此對待自己的。說穿了其實就是：我不只**不想**和你在一起，對耶穌也沒興趣，更別提回歸上主了。如此自我覺察之後，我們還需要在不同的事件（果）上，看到同一個「因」。比如說，我們對待自己及他人那種分裂、冷漠、特殊的心態都只是**果**，不願憶起自己的聖子身分、拒絕回家，才是真正的**因**。這就是此生最大的功課——不加評判地看待這個秘密企圖，然後寬恕自己。想一想，我們怎能不感激這種人生功課？除非如此寬恕，否則我們的心真的很難跳脫這個絕望的世界，更遑論恢復上主之子的慧見而悟入上主為聖子打造的一體自性了。

(5:1~2) **我們絕非踽踽獨行於人間。感謝那位道友，祂向孤獨的我們說出了上主的救贖之言。**

「那位道友」當然是指聖靈，而「上主的救贖之言」，則

是指救贖的修正，亦即寬恕的功課，也包括了今天這一課。這是希望之所在，它永遠存於我們心內，端視我們能否珍惜善用了。為此，我們對這位道友及其療癒的教誨永遠感激不盡，因為這是我們跳脫牢獄的唯一出路。

(5:3~5) 也感謝你聆聽了祂的聲音。若非你的聆聽，那聖言便會落得瘖啞無聲。就在感謝祂之際，那感謝也會落回你的身上。

無可諱言，不論救贖原則多麼真實、多麼光明或充滿了愛，除非我們讓它具體進入自己心內（也就是和從中作梗的小我劃清界線），否則救贖就形同虛設。總之，「親自接受救贖」的深意，就是決心捨棄小我企圖掩蓋真相的種種伎倆；而唯一的下手之處，即是正視自己在內心及外在世界所投注的特殊價值。話說回來，若非聖靈陪伴在旁，我們是捨不得放下特殊性的；而如果要回歸自性，就不能沒有祂的指引。其實，我們對聖靈的感激和祂對我們的感激是同一回事，因為內心的感恩反映的是天堂之歌，必然無始無終綿延不盡。對此，〈練習手冊〉的後文還有一段精彩的描述：

> 在我們邁向祂之際，聖愛等候著與我們同行，且在前指點迷津。祂絕不會有任何閃失。祂是我們追尋的終點，也是我們邁向祂的途徑。（W-PII.302.2）

(5:6) 無人聆聽的信息是拯救不了世界的，不論那天音多麼響亮，不論那信息多麼慈愛。

換言之，除非我真心投入耶穌的陣容，否則他對我也愛莫能助。之所以說「救恩原是一趟『聯袂探險』的旅程」，不僅僅因為我把弟兄視為一體而已，還因為伴我同行的弟兄代表了救恩本身。為此，耶穌要我們明白，接受寬恕和給出寬恕的，其實是同一個生命：

> 當你靠近弟兄時，等於靠近我；你一旦遠離了弟兄，我對你也會變得十分陌生。救恩原是一趟「聯袂探險」的旅程。誰若脫離了聖子奧體，必會感到舉步唯艱，因為那等於與我脫離關係。只有在你把上主帶給弟兄的當兒，上主才會來到你這裡。你必須先向弟兄學習，才算準備好聆聽上主之音了。因為愛的功能只有一個。（T-4.VI.8）

我們就是如此恢復**同一**聖子的身分而得以同返天鄉的。

(6:1) 感謝你這聆聽者，因你已成了傳送天音的使者，它會隨著你而迴響於世界每一角落。

我若聆聽這一天音，它必會透過我而「迴響於世界每一角落」。只要在這神聖一刻選擇以耶穌為師，接受救贖為最高的指導原則，我們便全都結合於聖子奧體內，心內再也沒有分裂的陰影。既然物質世界僅是聖子分裂心靈的倒影，那麼，分裂一消失，世界便和聖子一併獲得了療癒。

我已提醒過，「使者」一詞並非暗示我們要向全世界傳佈

福音，因為救恩的訊息會自動透過我們延伸出去的。也就是說，只要聖子接收到這一天音，便會永存於心，於是，奇蹟不費吹灰之力便能將那天音推恩於所有的人。大家應該都還記得〈正文〉這一段：

> 你也許認為不會有人了解神聖性這個東西，你也無法想像神聖性怎麼能夠推恩到每一個人身上。然而，你卻一再聽到我說，它必須涵蓋每一個人，才堪稱神聖。你無需為神聖性的推恩力量操心，因奇蹟的本質不是你所能了解的，也不勞你插手。奇蹟的推恩力量超乎你的知見所及，這一點恰恰證明了它們不可能出於你。（T-16.II.1:1~5）

(6:2~3) 今天，就在你感謝祂之際，同時接納上主的感謝吧！因祂會用你獻出的感謝回謝於你；祂會慈愛而感激地收下你的禮物，再千倍萬倍地回贈於你。

「千倍萬倍」當然只是一種比喻而已，表達療癒無遠弗屆的力量。只要我們不再批判自己的判斷，罪咎獲得了釋放，我們對上主的感恩便會和上主對我們的感恩相互迴盪不已。

(6:4~5) 就在祂與你分享之際，你的禮物受到了祝聖。這禮物的威能所向無敵，直到整個世界都洋溢著歡樂與感恩為止。

這幾句話詩意盎然地傳遞一個真理：只要我們不再抓著罪咎和特殊性不放，那種身為上主之子的富足感便會愈來愈強。

小我沒有我們的推波助瀾，必然欲振乏力，上主之愛終於得以一展身手，從此所向披靡。當我們意識到黑夜將盡，基督的曙光已臨近，我們怎麼可能不洋溢著歡樂和感恩？基督之光不僅照亮自己的心，同時也充滿了聖子奧體的心靈，因為所有心靈全是同一心靈，全都共享聖子的大能，無一例外；否則，那就不是真的心靈。

(7) 今天請練習兩次，接受祂的感謝，並向祂獻上你的感謝，每次大約十五分鐘。如此，你會豁然明白自己所感謝的究竟是誰；而當你向祂致謝時，祂又在感謝誰。你所獻給祂的這神聖的半小時，每一秒都會轉為數年的回報；也因著你對祂的感恩，這拯救之力會為世界省下好幾劫。

　　真實的感恩必然反映出天堂的一體本質，故會永不間斷地循環下去。這種境界對地球人而言是不可思議的。耶穌並不指望我們了解三十分鐘的練習怎麼會省下好幾劫的時光，他只要我們讓它自然任運而行就夠了。至於如何才顯示出我們「接受」了呢？即是寬恕弟兄和自己；因為唯有如此，我們的感恩才能反映出自己和上主及聖靈的一體本質。

(8) 接受祂的感謝吧！你就會明瞭祂是多麼慈愛地將你護守於天心中，祂對你的關愛深不可測，祂對你的感恩又是如此完美無瑕。每個小時都想起祂來，感謝祂賜給聖子的這一切，聖子才可能置身於世界之上而憶起他的天父及自性。

　　無庸贅言，上主豈會需要向我們致謝？祂又不是一個獨立的個體，可以感激或敵視另一個生命。這一段（或者不如說這一整課）的文字，不過是藉由具體的感恩形式來傳達上主之愛而已；唯獨愛，方足以修正那充滿罪咎、懲罰、痛苦、仇恨和死亡的小我故事。只要我們真正願意體驗一下上主和我們之間流動的感恩之情，就在那一刻，仇恨和恐懼的鎖鏈頓時由心中脫落，小我那陰森且無望的世界再也束縛不了我們，心靈自然揚升於世界之上，迎向光明，天堂的感恩之歌已在我們耳邊響起了。

第一百二十四課

願我記得自己與上主是一體的

這一課的主旨顯然是生命的「一體性」。然而，若要了解一體的深意，得先承認我們多麼不甘放下自己分裂出來的生命。我已多次強調過，《奇蹟課程》許多正面的說法其實是要化解暗藏的負面心態；只因純然正面的境界僅存於天堂，而且《奇蹟課程》的重點也絕非談論天堂，它只是反覆提醒，人類所有問題都肇因於分裂的思維，故唯有化解這一體系，我們才可能憶起自己的真相。而化解的途徑，本課則特別從感恩之心下手：

(1:1) 今天，我們要為自己在上主內的本來面目而謝恩。

顯然的，凡是懂得為自己的本來面目而謝恩的人，多少已經準備好放下心目中的自我，也就是活在造物主之外的獨特生命，並且不再堅持自己過去的看法了。

(1:2~5) **不論我們做什麼，我們真正的家保證安全無虞；不論從事何種工作，我們都會有足夠的威能與力量。我們絕不會失敗。凡事只要碰到我們，都會蒙受祝福與治癒的光輝。與上主一體，與宇宙一體，我們就這樣歡欣地啟程，因為我們知道上主隨時隨地與我們同行。**

　　耶穌這番描述多麼優美，多麼鼓舞人心！但我們讀到這裡也應有自知之明，承認自己內在有一部分是不相信他所說的。更糟的是，那部分的自己根本就不願意相信，否則我們豈會為自己精心打造這麼一個危機四伏的世界。最百思不解的是，我們竟然學會了逆來順受而且甘之如飴。直到有一天，我們終於決心選擇基督的力量而非自己的軟弱（T-31.VIII.2:3），才會甘心與這苦海人生告別。我們一旦意識到誰在身邊陪伴，又知道自己的真實面目的話，這一路是絕不會徒勞往返的。因此，下面這句話絕非溢美之詞，它象徵著我們的生命實相：

(2:1) **我們的心靈是何等的神聖。**

　　但只要我們還與自己的個體生命認同，就絕不可能神聖的，試問，罪咎怎麼可能神聖！然而，一朝了悟了此生唯一的願望即是上主之愛，必會憶起心靈的聖潔。生命的神聖本質只可能存於正念之心，也唯有寬恕方能領我們回歸此地。也就是說，我一旦寬恕了自己投射給他人的種種「不神聖」之物，便會意識到自己的心靈何其神聖，一如下面這句感人的名言：

人間再沒有比「千古宿怨化為眼前之愛」更神聖的地方了。（T-26.IX.6:1）

(2:2) 我們所見到的一切，也會反映出心靈與上主及自身一體不分的神聖本質。

此言不虛，肉眼之見確實只會反映出**不聖潔**的心，只因我們深信自己早與上主分裂或自身也已分裂了。只要強調自己的個體價值，等於重申了分裂信念，心內不可能不充斥罪咎陰影的。世界就是從罪咎之念冒出來的影子，目的是要遮掩那不可告人的祕密。除非我們轉拜耶穌為師，那時所見的一切景象才會反映出他的光明。我們再讀一下緊接上面那句名言之後的一段話，它描述了上主和基督返回我們以寬恕打造的聖殿時，世界在天堂的愛與感恩中燦然發光的景況：

> 你在何處為祂們建立家園，祂們便會翩然降臨這座生命聖殿。連天堂都找不到比這更神聖的地方。祂們會在你獻出的聖殿共同住下，作為祂們與你的安息之所。凡是將仇恨釋放給愛的生命，都會化為天上耀眼的明星。使天堂的光輝倍加燦爛，欣慰地看到一切終於恢復了原狀。（T-26.IX.6:2~6）

(2:3) 一切過錯就這樣輕而易舉地一筆勾消了，死亡也會讓位給永恆的生命。

這裡說的並不是肉體的永生，因為永生只存於心念中。請

記得，耶穌的所有教誨，純粹是針對心靈而發的。只要選擇小我，便把死亡之念弄假成真了；一旦選擇了聖靈，死亡之念頓時顯得如此虛妄而不可信，這正是憶起自己是永生基督的大好機會。此後，我們再也不會與無常生命認同了。

(2:4) 我們光輝的足跡朝向真理邁進，因上主還會親自陪伴我們暫留人間片刻。

只要與耶穌同行，舉手投足之間多少都會起一些示範作用的；而我的正念選擇，必會照亮他人的路。究竟說來，我在人間真的只有一個選擇——寬恕；此生的唯一任務就是像耶穌一樣為真理作證。當人們感受到我內心的平安和愛時，等於收到這一訊息：「你也能作出我這個選擇的，因為我們共享同一心靈。」

(2:5) 尾隨我們而至的後人，也會認出這條道路的，因為我們隨身攜帶的光明一邊留下為他們照路，一邊繼續伴隨我們前進。

足以照亮「後人」來路的那一道光明，不只存留於我內，也存在於每個人內，因為我們都在聖子心內。我剛已說過這種示範作用：我所作的選擇，你當然也可以。雖然在夢境裡我好似以「身」作則，但真正的作用是發生於「心」的層次。人間不乏這類象徵人物，耶穌可說是正念典範中之佼佼者。當我們仰望這些典範時，必須明白，既是同一心靈，他們作了正確的選擇，我們自然也能作出同一選擇。終極來說，這種選擇其實

早已完成了。

　　然而，我們必須警覺，切莫著眼他人的外在表現，而應認同他們的心靈。模仿聖賢的外表（例如他們的行為穿著及飲食或說話習慣等等），毫無意義。唯一值得效法的，是他們選擇正念的心路歷程。耶穌曾勸勉我們：「你應以我為學習的楷模。」（T-6.in.2:1）這和福音記載的耶穌那一世的所作所為一點關係都沒有。我們該效仿的，是他的心靈如何識破幻相而選擇了「分裂不曾發生過」這顛撲不破的真理；那種心靈才能代表天音，活成聖靈的化身。

(3:1) 我們所領受的一切，成了我們給來者、逝者或同時代人的永恆贈禮。

　　換句話說，過去、現在和未來其實是同一回事，只要選擇了神聖一刻，自然就明白分裂的幻相不會帶來任何後果。罪咎懼一旦失去了立足點，線性時間同時便失去了存在的意義。因此，若能在神聖一刻中體會出「一體性」，我們便和整個聖子奧體合而為一，再也沒有「過去、現在和未來」這個觀念了。

(3:2~4:1) 上主不分軒輊地愛著我們，我們在這愛中受造；祂微笑著俯視我們，並且把我們給出的幸福回贈我們。

**　　今天我們不再懷疑祂對我們的愛了，也不再質疑祂的眷顧與關懷。**

　　想要接受上主的「眷顧與關懷」，就必須先意識到自己心內對祂的愛仍有很深的芥蒂才行。倘若我們真的背叛了祂，還可能指望祂來關心或保護我們嗎？為此，我們需要明白，若不先清除抵制上主來臨的心理障礙，是很難體驗到祂的愛的。不消說，上主「微笑著俯視我們」只是一種比擬的說法，因為祂的愛不可能有親疏遠近之分，更不可能含有任何特殊性。但小我卻要我們相信，上主會對某些**特殊**的聖子微笑而非整個聖子奧體；或是祂**有時**微笑，**有時**也會對我們皺眉。

(4:2~6) 那些無謂的焦慮再也阻礙不了我們對祂臨在的覺知與信念。今天我們就在這份領悟與記憶中與祂合一了。我們在心中感受到祂的臨在。我們的心靈保存了祂的聖念，我們的眼睛能在一切事物上目睹祂的美善。今天我們只願矚目於那慈愛以及可愛之物。

　　同理，在意識到「那些無謂的焦慮再也阻礙不了我們」之前，總得先意識到自己確實很焦慮。請記得，先除障礙，才會「看到」；先除雜音，才能「聽到」。唯有意識到自己對小我唯命是從的愚昧，才有機會修正這個錯誤而憶起始終臨在心內的真理。一旦開始與平安的聖念認同，衝突之念便會慢慢消失。從而，上主的記憶逐漸浮現於寧靜聖潔的心中，至此，我們自然不會矚目於戰爭、疾病，或死亡了，而「只願矚目於那慈愛以及可愛之物」。

　　容我再說一遍，不要把這類正面的描述當作「肯定語」，

那樣做，只是企圖掩藏小我的思想體系。反之，我們該把自己的小我妄念思維放在上述真理光明中好好鑑照一番。耶穌緊接著教我們如何進行：

(5) 我們若能在痛苦的表相下認出這個愛來，痛苦便會拱手讓位給平安。我們若能在瘋狂、悲哀及苦惱、孤獨與害怕的人身上看到這個愛，他們也能回歸心靈在受造之初的平安與寧靜。我們若在生命垂危，甚至亡者身上看到這個愛，他們便會重獲新生。我們會看到這一切的，只要我們能在自己心內先看到這個愛。

本段的含意與第一百二十二課一樣，要我們「在變化的核心看到那不變之物」。活在現實世界的我們，不應否認自己或別人的身心之苦，也不應否認恐懼、孤獨以及死亡的現實挑戰，但心裡必須非常清楚，自己所知所見的小我世界，全都源自心內的一念。這才表示我們心中還銘記著耶穌的核心教誨「投射形成知見」。也唯有如此，才能誠實地明察自己心內究竟選擇了小我還是聖靈為師？究竟相信了罪咎還是寬恕？畢竟，作何選擇就會構成相應的世界。我若選擇了罪咎，自然會看到充滿痛苦、煩惱與死亡的人間；它之所以顯得這麼真實，只因我已經把內在的罪咎之念當真之故。到了那一地步，當然會有無力回天之感，因為「**果**」必會隨著「**因**」而來。反之，我若選擇了寬恕，分裂之境便會迎刃而解，因為我已結合於上主的愛內，罪咎懼自然無處容身，瘋狂、悲哀、痛苦、孤獨與

死亡也就無從生起了。**肇因**一旦移除，**後果**當下消失，這乃是天經地義之事。

　　請留意，上述引言的最後一句至關重要：「我們會看到這一切的，只要我們能在自己心內先看到這個愛。」故知，當耶穌說「我們若在生命垂危，甚至亡者身上看到這個愛，他們便會重獲新生」，他絕非暗示肉體的復活，大家可別跑到殯儀館或墓園那裡，誦念這一段話而後期待死者復活。耶穌的教誨一向無關乎身體，因為連死亡都只是罪咎的一念罷了，故也只需在自己**心內**抵制小我的罪咎之念，死亡便告終了。

　　我們的心靈若與耶穌同行，便會明白身體僅僅是夢中的幻影，自然不會把死亡看成天大的事。除此之外，我們還得意識到那些夢中人物（不論在分裂世界或救贖之境），不只和我一樣同屬一個心靈，而且同在基督天心內；天心內根本沒有死亡、孤獨或痛苦這一回事。《奇蹟課程》有兩處教導我們如何分辨自己究竟接受了哪一位老師的薰陶，我先引用〈正文〉的一段：

> 　　如果你感覺不到身在天堂的那種心安，以及必有天助的平靜與篤定感，你一定會心生畏懼，不論你是為何而怕；這表示你不僅造出了偶像，還相信它遲早會背叛你。因為在你指望它來拯救你的心底下，隱藏了你自作孽與猶疑不定的罪咎與痛苦，且還深入骨髓，連夢境都掩飾不了你怕遭到天譴的擔憂。自作孽的人不

可能不恐懼，因恐懼代表一種判斷，逼得他不得不瘋
狂地追逐偶像與死亡。（T-29.IX.9）

另在〈練習手冊〉第一百九十三課也有類似的解說（以後
還會深入的）：

你怎麼知道自己的看法有誤，或是他人錯過了他該學
的這一課？痛苦在那知見中是否顯得很真實？如果
是，表示你們一定還沒學會這一課。暗藏心中的不寬
恕，便會透過那種心眼而看到了痛苦。（W-193.7）

這兩段引言都強調了，恐懼及痛苦的人生問題與我們對自
己的認知及感受息息相關。我們若把自己或別人身上的痛苦當
真，因而開始恐懼且失去平靜，那只是因為我們心內先把罪咎
當真之故。請記住，死者復活或疾病痊癒，絕非靠我們具體做
了什麼，而是自己內心的改變；這又回到了「投射形成知見」
的原理。倘若我們的心靈和耶穌一樣只剩下愛的念頭，是不可
能承受痛苦或害怕死亡的。這並不表示自己的肉眼看不到人間
的苦難，只是它們再也影響不到我們的心境了。

為此之故，我才一再提醒，耶穌所說的並非針對肉眼所
見，而是針對我們對於感官資訊所作的詮釋。我再引用兩段
〈正文〉，同樣說明了我們的所知所見本身已經隱含了自己的
詮釋在內：

你所有的困境都起源於認不清自己、弟兄以及上主的

真相。認清（re-cognize），意味「再度知道」，暗示你以前是知道它的。由於知見有待詮釋，故能由不同的角度去看，充分顯示知見不具完整性或一貫性。（T-3.III.2:1~3）

人們常混淆了知見的意義，因為「知見」可以理解為覺知，也可理解為你對覺知的詮釋。沒有詮釋，你無法意識到它，你所察覺得到的其實只是你的詮釋。（T-11.VI.2:5~6）

　　總而言之，外在的客觀現象不值得我們費心，應該留意的是自己**怎麼**去看待那些事物。縱然我們的肉眼仍會看到別人眼睛看到的一切，但我們的心已經和耶穌結合，所作的詮釋自然不會繼續助長個體價值，更不會把罪當真。於是，萬事萬物在我們的心目中，都不過是小我的抵制伎倆，亦即企圖否認我們和世界共用的同一福祉。這個慧見有如一個跳板，能幫助我們進一步憶起我們在天堂也是一個生命的事實。疾病就是這樣被療癒的，死者也是如此從分裂夢境中得以復生的。

(6) 凡是知道自己與上主一體的人，生命中不可能沒有奇蹟。他們的每一念都具有治癒所有人及一切苦的能力，不論是為過去或未來的人，或是此刻與他同行的，對他都一樣容易。他們的意念是超越時空的，既不受時間的限制，也不受地域的影響。

　　這一段再度重申，罪咎懼之念投射出去以後，過去、現在與未來的世界才因而出現。由此可知，時空世界只是罪咎懼三者的同一倒影而已。就在我與耶穌結合而憶起了自己與上主一體不分的生命之際，救贖與罪以及一體與分裂這類無法並存的觀念必也隨之消逝。小我思想體系一旦瓦解，時間便無法存在。準此而言，分裂既不存在，便無身體的必要；沒有身體，便沒有痛苦。也因此，純然一體的生命是不可能受苦的。

　　本段課文再次反映了奇蹟的第一原則「奇蹟沒有難易之分」（T-1.I.1:1）。所有的問題都是同一個問題，也就是我們選擇了小我；解決的方案只有一個，即是重新選擇耶穌。總之，只要選擇了小我，放眼一看，人間苦難、特殊性以及生生死死的軀體，全都顯得真實無比（縱然它們全都同樣的虛幻）。反之，我若轉身選擇耶穌，便會提升於夢境之外，與耶穌一同笑看把夢境當真的愚昧的自己。痛苦就是這樣消失的──上主微笑著拭去所有的淚痕。下面這一段〈正文〉一邊提醒我們別再著眼於罪咎懼的痛苦畫面，同時召喚我們多為上主之子的純潔無罪作證：

> 如今，聖靈軟化了你的手，在你手中放置了另一幅畫像。那畫像依舊有血有肉，因真實的你既無法被看見，當然就無法入畫。然而，由於你這幅畫從未淪為攻擊的武器，因此也不曾受過任何痛苦。它不只證明了「你不可能受到傷害」的永恆真相，還遙遙指向你

和弟兄的無罪本質。將這幅畫像顯示給你的弟兄吧！
讓他看到你的每個傷痕都已痊癒，每滴眼淚都被歡笑
與愛拭去了。他會在你身上看到自己的寬恕，他痊癒
的雙眼還能越過寬恕看到你的純潔無罪。你的無罪成
了他同樣不曾犯罪的明證；他在瘋狂中做出的種種，
不僅成不了事，也未曾產生任何後果。他沒有理由自
我譴責下去，無情的攻擊再也傷害不了他，再也激不
起一絲椎心的恐懼了。（T-27.I.5）

　　唯有如此，我們才可能一起療癒，因為我們在終極源頭造
物主那兒，始終是一個生命。

(7:1) 當我們說，我們與上主一體時，便已加入了這一意識。

　　若要說出「我們與上主一體」，必須先說出「我不再和小
我一體」才行。我說過，《奇蹟課程》不著重於正面的肯定，
它要我們「否定他們對真理的否定」（T-12.II.1:5）。理由很顯
然，只因小我早已否定我們與上主的一體性，從而把我們變成
一個既特殊又與眾不同的個體生命。

**(7:2) 因為在這句話裡，我們不只聲明了自己的得救與治癒，
同時也宣稱自己有拯救與治癒他人的能力。**

　　也就是說，我們是從罪咎的信念中得救，從分裂的痛苦報
應中療癒的。耶穌並非鼓勵我們用行動來救人或治病，因為虛
幻的世界豈有拯救或療癒的必要？然而，當我們改變了過去的

選擇而得救或療癒時，整個聖子奧體便與我們一併得救並療癒了。故除了接受這一有福的真相以外，我們什麼也無需做。

(7:3~7) **我們既已領受到了，如今我們也願分享出去。這樣才能保住天父賜給我們的禮物。今天，我們會體驗到自己與祂一體，如此，世界才分享得到我們對實相的領悟。我們所經驗到的世界已經自由了。只要我們能否定自己與天父的分裂，世界便與我們一起得到了治癒。**

當我們說「我們與上主一體」時，等於否定了「我和天父是兩個不同的生命」。在這一段的結尾，耶穌為我們點出他在本課一開頭就暗示的深意：我得先捨棄心目中的我，並且慶幸自己全錯了才行。換言之，只有上主那一套才是顛撲不破的真理。唯有如此，我們才會真心接受上主的愛以及祂的永生恩典。一旦獲此恩典，受惠的絕不限於我個人而已，因為我既已擺脫了小我的恐怖贈禮，表示世界也和我一起解脫了。

從第八段開始，一直到最後，都在解說今天的練習，而且和隨後的幾課一樣，將那些練習描述得十分優美感人：

(8:1~4) **今天，平安與你同在。你只要練習隨時覺知自己與造物主的一體性，一如祂與你的一體性，你的平安就更穩固了。今天，在你認為最合適的時間，騰出半小時來，默思「你與上主一體」的觀念。這是我們首次嘗試在這類「長式」練習中，不作任何規定，也不提供冥想字句。**

　　我們一旦決心以平安為人生目標，自然便會接受耶穌所教導的平安之道。他在本課開始把練習的時間加長到整整三十分鐘，希望我們能在這段時間靜靜默想自性與造物主的一體境界。當然，我們很快就會看到自己的腦海裡不斷冒出種種無謂雜念；也才知道，沒有具體的步驟引導，我們真的很難靜靜地坐上半小時。我們一旦觸礁，可別對自己苛責、評判或施壓。只需要承認：「沒想到，我這麼害怕一體境界！其實我已心知肚明，倘若真的靜止下來，神聖的愛便會穿透我的防衛，那個個體的我也就當下瓦解了。為了防止上主之愛的默默『干擾』，我得想盡辦法提高內心噪音的分員，讓自己焦躁不安，比如說，這蒼蠅真惱人、耳朵有點兒癢、突然想到的下一個約會更是令人擔心……，簡直數不清的念頭不斷在腦中浮現。」如此坦然承認就好了，不必和內在的焦慮和分心對抗，只需靜靜觀察自己心裡的真實狀況。就這樣，便已達到今天的練習目的了。

(8:5~7) 我們信賴上主的天音今天會伺機向你發言，我們相信祂不會食言的。與祂共度這半個小時吧！祂會照料一切的。

　　在做練習時，某種程度的信賴之心是不可少的——我們得相信自己只要按部就班地練習，而且不加批判地正視小我，聖靈自會盡好祂那一部分的責任。事實上，聖靈絕不會棄我們於不顧，因為祂和祂的職責是**同一**回事。只要我們願意放下當初為了抵制聖靈而設的那些障礙，必會聽到慈愛的天音好似在

耳邊響起，當然，並非什麼有聲語言，而是感受到一種「非具
體」的愛，在我們心內指點我們該說什麼，該做什麼。

**(9:1~2) 即使你認為自己沒有任何體驗，絲毫不減它為你帶來
的益處。今天，你也許還未準備好接下這些益處。**

　　耶穌的言下之意，是說如果我們還未能準備「接下這些益
處」，也無需內疚。顯然的，他知道我們還沒準備好。大家可
還記得耶穌對海倫說的那番話：

> 當你傳出這部課程後，你會接受它、珍惜它，而且善
> 盡其用的。那是你的期末考，你會通過那場考試的。
> 期中考的分數不會列入你永久的記錄中。（《暫別永
> 福》／暫譯 P.219）

　　是的，耶穌不會為你當前的表現評分的，因為他知道你遲
早會返回天鄉——你「最後的結局會與上主本身一般屹立不搖
的。」（T-4.II.5:8）

**(9:3) 然而，它終會在某時某刻出現於你眼前，當它屹立不搖
地光照你的心靈時，你不會認不出它來的。**

　　耶穌其實是在告訴我們，如果今天操練得不得其法，也別
難過，你遲早會上手的。但如果你糾結於「什麼時候才能學
會」或「我大概永遠也學不會」這類想法，反倒助長了小我的
氣焰。可還記得我常說的，如果你練習得很「糟糕」，卻能夠
不批判自己，就表示已經操練得很好了。切莫強迫自己操練得

多麼完美，因為那只會強化「我不夠完美」這個信念。

(9:4~5) 這半個小時就像一面鑲金的鏡框，每一分鐘的練習好似為你在鏡框上鑲入一顆鑽石。你會在這鏡框內看見自己臉上反映著基督的聖容。

　　這幾句話令我們聯想到〈正文〉「兩種畫面」（T-17.IV）那一節，兩者都採用了「鑽石」這個象徵。在〈正文〉「兩種畫面」那一節，鑲鑽的鏡框是用來描述小我掩飾死亡畫面的企圖，但本課卻用鑲鑽的鏡框來象徵今天的練習所啟示的基督聖容。我們每練一次，純潔的面容好似射出一道愛的光芒，三十分鐘的冥想也因而變成鏡框上面一顆顆的鑽石，直接通向自性的記憶，開啟永恆之窗，至此，所有過去對自己的看法也徹底消失了。

> 於是，畫框漸漸隱沒，上主緩緩由你的記憶中昇起，
> 祂願以整個造化與你那……小小畫面交換。（T-17.
> IV.15:5）

　　在那超乎時空的神聖一刻，我們會和所有弟兄合而為一，不僅如此，整個造化也與它的造物主回歸一體了：

> 神聖一刻在每一個關係中都閃耀著同一光輝，因為所有的關係在那一刻都是同一個關係。這就是療癒，而且渾然天成。因為這就是上主，唯有在祂內，才有渾然天成的可能。（T-17.IV.16:8~10）

(10) 也許今天，也許明天，你就會在這神聖的半小時為你架起的明鏡裡，看到自己的聖容正凝視著你。只要你準備好了，你會在那兒找到它的，它正在你心裡等著你將它尋回。於是，你就會憶起這半小時所練習的主題，你會心滿意足地覺得每一分鐘都很值得。

　　練習的時候，請特別留意自己的焦慮和抗拒。只要照照鏡子，我們一眼就會看到那張很「熟悉」的特殊面容，一副歷盡滄桑的模樣，這怎麼可能看見基督的聖容？基督臉上既沒有痛苦的過去，也不會充滿惶恐，更不可能憧憬未來，難怪基督聖容絲毫吸引不了我們的眼球。對此，這個練習就是希望幫我們看清，自己多麼害怕看到內在真有那麼一張臉，它始終清白無罪而且反映著耶穌之愛。果真如此，這個練習可說是值回票價了。我們甚至還可能經驗到「耶穌轉變聖容」，有點近似耶穌門徒在大博爾山〔譯註〕所目睹的那個景象。（〈馬太福音〉17:1~8）

　　接下來的一段，開頭的短語和上一段完全一樣，流露出〈練習手冊〉的音律與詩意之美：

(11:1) 也許今天，也許明天，當你照這鏡子時，就會明白眼前

〔譯註〕大博爾山（Mount Tabor），位於以色列北部加利利地區的山峰，基督教傳統認為，那是福音中耶穌在門徒面前「變了形像，臉面明亮如日頭，衣裳潔白如光」顯現聖容之處。

這清白無罪的光輝本來就是你的，你所看到的美善也非你莫屬。

如果這個美善果真「非你莫屬」，那麼，我們對自己所有的負面評價便無法立足，也必會為此而感到坐立不安。正因如此，本課的練習會幫我們看到自己陷於那種面目可憎的自我形象有多深，這個恨意也遲早會反射在恨的特殊關係上。而且，我們還會看到自己是如何利用特殊之愛的美麗畫面，來掩飾這醜陋的自我形象的。不論是哪一種關係，這兩副面容都呈現著我對自己的看法，也因而遮蔽了自己的真實面容。但與此同時，整個聖子奧體正等待著我們的真實面容為它映照出清白無罪的光輝呢！

(11:2~3) 把這半小時當作你獻給上主的禮物吧！祂肯定會回報給你那超乎意想的愛、深不可測的喜樂，以及超乎肉眼所能看見的神聖景象。然而，你放心，總有一天，也許今天，也許明天，你會明白，你會理解，你會看到的。

在這半小時的練習中，試著不要強迫自己安靜無念，只要誠實看到自己對心中念頭或意象的執著不捨，甚至覺得自己的特殊面容遠比基督聖容更有吸引力，那麼，今天的冥想就達到目的了。因此，承認內心的恐懼成了我們開始信任新老師的契機，耶穌自會適時地引導我們越過小我，邁向那始終等候著所有人的天堂福樂。「也許今天，也許明天」，但結局已定！

(12) 今天，每小時向自己複誦一下下面的句子，這等於在祂賜
你的金框上鑲入更多的珠寶：

　　願我記得，我與上主一體，也與所有弟兄及我的自性
　　一體地活在永恆聖潔的平安中。

　　今天，如果每小時都覺察到原來自己根本不想記住這幾句
話就夠了。容我再提醒一次，不要給自己壓力，只需覺察自己
其實並不真想按照這些建議去做即可。只要對小我的妄念十分
警覺，我們便不難體會到心內的確有一部分很想說出上面那幾
句話的。那麼，今天的日子就變得意義非凡了，只因已然意識
到我們對自己以及整個聖子奧體負有多大的責任。與此同時，
還能看出自己不想記住這番真理才是今天生起煩惱的原因。如
今終於明白了，唯有接受自己和上主及弟兄一體的思想體系，
才可能活得真正心安理得。

第一百二十五課

今天我要靜靜地接受上主之言

　　真是十分動人的一課！耶穌在此提出「靜心」的課題，這讓我想起〈正文〉的一句話：「唯有寧靜的心才可能憶起上主。」（T-23.I.1:1）但若真想憶起上主而得返天鄉，我們必須先把心靜止下來。問題是，我們的心中總是塞滿了小我的喧囂雜音（也就是那套主張分裂、攻擊、個體性、特殊性以及罪咎懼的小我思想體系），不但徹底淹沒了聖靈之聲，也完全忘卻了自己的終極身分。為此，我們若想靜下來聆聽上主的聖言（也就是救贖原則），首要之務，即是不帶批判地正視小我的種種干擾；小我得不到我們的回應，也只能隱退下去了。

(1:1~4) 讓今天靜止下來，靜下心來聆聽吧！你的天父願你今天就聽到祂的聖言。祂住在你心內，在你心靈深處頻頻呼喚。今天，聆聽祂吧！

　　正念之心始終隱藏在心靈深處，問題是，我們不只存心埋藏它，還想方設法迴避它的存在。故若想進入天音所在的寂靜，總得先回到心內，勇敢地揭開自己企圖遮掩的那塊蓋布。〈正文〉「遺忘的歌曲」那一節有兩段動人的描述，它告訴存心遺忘的我們，若想重新聽到那美妙天音，心靈必須安靜到某一程度才行。

　　請聽！你可依稀記得一處悠遠古老、尚未全然遺忘的境界？你也許記憶模糊，但並非完全陌生。它好似你早已忘記曲名的一首老歌，也記不得曾在何處聽過。迴旋在你腦海裡的並非整首歌曲，而是一點兒餘響，你甚至想不起與此相關的人們、地點或事件。但這一點餘響已足以勾起你的回憶，漸漸憶起那首曲子的動人旋律、和它相關的美景，還有跟你一起聆聽的可愛人兒。

　　那些音符本身並沒有什麼特別。你所懷念的不是那些音符，而是它們悄悄勾起了你對某物的記憶；你一想到它，就會忍不住落淚。你本來記得的，但你害怕自己若憶起它，就會失去後天學來的那個世界。然而，你也知道，你由世上學來的所有一切，都遠不及那一點記憶值得你珍惜。好好地聆聽吧！看看你是否還記得那首熟悉的古老旋律，你對它的珍愛遠遠超過你後來強迫自己喜歡的那些歌曲。（T-21.I.6~7）

　　因此，今天的功課就是靜下心來聆聽，接收上主在無始之始呼喚著我們的救贖聖言。正如《天恩詩集》那一句「只有寧靜的心才可能聽到天父之愛的無聲之歌」（《天恩詩集 / 暫譯》P.76），如此，人心才安得下來。

(1:5) 除非祂的聖言傳遍普世，否則和平不可能來臨；除非你的心靈能夠安靜聆聽並且接受世界必須聆聽的信息，否則，世界是不可能真正太平的。

　　這段引言中的「世界」，並非指我們身體所在的地球，而是指心靈內的世界。因為「觀念離不開它的源頭」，故分裂世界的念頭也離不開心靈的源頭。因此，當我不再投注於自己的特殊性時，分裂之念便會自動療癒，於是，整個世界全都聽到了救贖的聖言，只因聖子奧體只有一個生命。既然眼前這個世界不過是心靈的分裂之念投射出的幻影，自然也會隨著心靈一併療癒。由此可知，耶穌並非呼籲我們到天涯海角宣傳他的喜訊，因為世界其實已經得救了，始終存在人心內的救贖也只是等著我們接受它而已。

(2:1) 這世界會因著你而轉變。

　　耶穌又重述了一遍這個核心觀念：世界既是分裂之念的倒影，此念一旦療癒，世界必也隨之療癒。故外在的改變無關緊要，改變自己的想法才是關鍵；否則人類毫無希望可言。〈教師指南〉一開頭的幾頁裡，就揭示了類似的觀念：

它傳授的不外乎絕望與死亡，為此，上主才會派遣祂
的教師進入這個無望且封閉的人間學堂。上主的教師
也只能在傳授祂的喜樂與希望的課程之際，完成自己
的學習歷程。

若缺了上主的這群教師，世界得救的希望極其渺茫，
因為罪在世間永遠顯得真實無比。（M-in.4:7~5:1）

如今只有時間還欲振乏力地在人間徘徊，世界早已活
得疲累不堪了。它歷盡滄桑，毫無指望地撐在那兒。
它的結局從來不是問題，試問有誰改變得了上主的
旨意？但是，時間領域內生死無常的幻相卻能把世界
及萬物折磨得奄奄一息。然而，時間終會走到它的盡
頭；上主之師的使命則是讓這一天早日來臨。因為時
間掌控在他們的手裡。這是他們的選擇，他們必會如
願以償的。（M-1.4:4~10）

　　耶穌召喚所有的人接受他的救贖而成為上主之師，因為只
要有一人療癒，整個世界便全都得救了。原已折騰得疲憊不堪
且了無希望的世界，也就此透照出寬恕的溫柔光輝，閃耀著救
恩的希望。說到這裡，我要引用一首海倫的詩，如此描繪世界
煥然一新的景象：

　　　　彈指之間，世界改觀；
　　　　此起彼落的俗世噪音，化為曼妙的樂章；

刺耳痛心的死亡輓歌，

伊始謳歌生命，

匯入永恆的大合唱。

昏茫的眼睛，開始看見，

失聰的耳朵，依稀聽見；

只待一瞬的寂靜，

噤聲千古的造化，放聲歡唱，

歌頌記憶中的美麗家鄉。

　　　　　　——《天恩詩集／暫譯》P.64

(2:2) 此外沒有其他的救恩途徑了，因上主的計畫就是這麼簡單：上主之子有拯救自己的自由，他有上主的聖言為嚮導，且永遠在他心中、在他身旁、萬無一失地引領他回歸天父的家園，這是他自己的意願，永遠與上主旨意一般自由。

　　我們已經提醒過，「上主的計畫」只是一種比擬說法，用意在幫助我們明白自己擁有改變心念的自由。小我打造了身體及世界，最終目的不就是要我們相信自己沒有心靈嗎？果真如此，我們還怎麼可能改變自己所沒有的東西？這種失心狀態就這樣使得小我先前的決定更加固若金湯，令人感到回天乏術。窮途末路的我們只好抓住一個特殊的愛，且奉之為救主；而影響人類最深遠的，莫過於上帝和祂的特殊代表了。要知道，《奇蹟課程》所說的上主計畫和《聖經》的救恩計畫根本南轅北轍。本課程的上主從不要求我們作任何犧牲，不論是自己或

他人的；祂只要我們意識到自己對罪的徹底誤解，因而得以從罪的「現實」中解脫。相同的，世界的得救也並非因著我們以苦行贖罪或宣講這部課程，而純然是仰賴我們改變自己對小我的心態。自心一改變，聖子奧體的心靈必隨之痊癒，並由過去的錯誤選擇中脫身而出。

(2:3~4) 沒有外力迫他就範，只有愛在前引導。沒有神在審判他，只會祝聖他。

請記得，耶穌的愛始終臨在我們心中，指引我們作出正確的選擇。他像一座燈塔，向心靈黑暗的角落不斷放射出愛的光芒。若非我們早已離棄了光明，否則何須回歸？耶穌如此鍥而不捨地呼喚我們，其實只是反映出他愛的臨在而已，但千萬別理解成有聲或有形的那種召喚。當我們意識到自己的錯誤，或開始質疑自己的看法，才表示心靈已經準備好轉回正道、更換老師了。耶穌不會威迫利誘，否則他就跟我們一樣神智不清，認為事態嚴重，急需他來解救。幸好他神智清明，他的愛和天父一樣不受時空所限，永世常存；他的「力量」就是愛。

(3:1) 在寂靜中，沒有任何雜念或個人慾望的騷擾，你也不再妄自評判祂的聖言時，我們便會聽見上主的聲音。

如何才能體驗到聖靈而憶起祂的愛？就是甘心捨下自己對愛所設的種種阻撓，諸如「雜念」、「個人慾望」及「妄自評判」之類。言下之意，我們必須先意識到那些干擾，否則又

如何加以捨棄？若要覺察小我的阻撓伎倆，又得透過小我投射於外的種種現象。說得更具體一點，我們是怎麼對待特殊關係的，恰恰反映出自己與小我的特殊關係。此後，我們會對人間愛恨交織的特殊關係所透露的罪咎和仇恨愈來愈敏銳。而且，心裡也愈來愈清楚，外在的種種影像不只顯示了我們對罪咎與仇恨的信念，更是幫助我們意識到自己還有心靈的第一道線索，這也再次提醒了我們：有待轉變的並非外境，而是自己的看法。

(3:2) 我們今天不再評斷自己，因我們的存在本質是外人無法置一詞的。

　　我們的基督身分只等著我們接受，無需經由什麼評斷。小我卻不以為然，因它早已對我們作了審判：這個個體生命是個可怕的有罪之身，理當感到罪孽深重。我們就這樣掉入了一個充滿評判的世界，每個人都在扭曲現實，為自我辯護。於是，聖子共享的神聖性也一併淹沒在罪咎懼和攻擊交織而成的判斷巨網之中了。

(3:3~5) 世界加在上主之子身上的一切評判，絲毫搖撼不了我們。它根本就不認識上主之子。今天我們不再聆聽世界，只靜靜地等候上主聖言的來臨。

　　如果我們仔細回味這幾句話的深意，很可能會坐立不安，因它和世界的思維恰恰相反。小我一直向我們灌輸，你這位聖

子只是一具血肉之軀而已，生於某年某月，受制於世間的自然法則，活了一段歲月便註定死亡。如今，我們亟需質疑這些天經地義的自然律，縱然在世界的眼中，它們顯得真實無比；但從上主的角度去看，絕非如此（T-23.I.2:7）。耶穌上述這段話才如實反映出真理實相：靈性是人類的生命真相，與世界及自然律毫不相干。然而，我們必須先意識到自己已經被世界洗腦到多深的程度，才可能看透這一真相：世界教給我們的那一套，原來是我們自己傳授給世界的。唯有意識到自己和肉體及心理之我認同如此之深，我們才會痛定思痛地說：「若要轉變，真的不能不質疑自己所有的思想、價值觀、目標和判斷了！」

(4:1~2) 上主的神聖之子，諦聽你的天父向你發言。上主的天音傳來祂的聖言，讓你把救恩的喜訊與神聖的平安傳播到全世界去。

　　再提醒一下，耶穌絕非鼓勵我們採取行動、宣揚福音，他僅僅要我們牢牢記住，世界只存在我們心中。我們一旦接受耶穌為師，這個瞬間的決定，就是為整個聖子奧體而作的，因為上主只有一位聖子。這個觀念愈到〈練習手冊〉的後面，強調的次數愈多。請記住，耶穌是一體生命的代言人，不論他說了什麼，我們都必須在一體的框架下去領受，才不至於誤解。

(4:3) 今天，我們聚集在上主的寶座前，那是祂在你心靈中永在的寧靜之地，是祂一手創造且永不離棄的神聖之所。

　　「寶座」的象徵意義和「祭壇」一樣，乃是人心內的決定中樞——究竟選擇崇拜小我或憶起上主。當我們學會借助於耶穌而解除小我的干擾，便已進入了正念心境。唯有安息於這「寧靜之地」、「神聖之所」，我們方能憶起上主之子的終極身分。於是，代表分裂與仇恨的小我寶座會自動讓位給平安、神聖和慈愛的上主。為此，「上主的寶座」堪稱為人間最神聖的地方，因為千古的仇恨在此全都化為當前的愛了（T-26. IX.6:1）。

(5:1) **祂無需等你回心轉意之後才把聖言託付給你。**

　　一般宗教對救恩的傳統觀念不外乎：我們得**先善盡**自己的一份責任，上主才會完成祂那一部分。此外，還要為祂受苦犧牲、誦經或持守儀軌等等，極力做個好孩子，祂才會獎賞我們。總之，上主好似在等我們贖清自己的罪。然而，耶穌的救恩觀恰好相反，他一再重申，上主早已賜下慈愛的救贖聖言，就等著我們回到心內納為己有，如此而已。除了愛以外，上主什麼也不需要做；而愛是無條件的，絕不會以行善或修行來要脅我們，問題在於我們渾然不覺祂的愛。但無論如何，只要我們決心接受上主聖言，必會憶起它來的。

(5:2) **即使在你棄祂而去、浪跡天涯之際，祂也從未對你深藏不露。**

　　上主真的沒有對我們作任何事，反而是我們千方百計躲

著祂。祂透過聖靈毫無保留地臨在每個人的心中。祂一直在暗示，一切操之於我們，上主或耶穌都無法越俎代庖。也就是說，我們是怎麼走失的，就怎麼回頭。試問，還有比這更簡單的事嗎？

(5:3~4) 祂毫不在意你心目中對自己的種種幻覺。祂深知自己的聖子，不論他在作什麼夢，即使他瘋狂到身不由己的地步，祂依舊接納他為自己生命的一部分。

倘若真正讀懂了這段話的深意，必會萬分慶幸上主根本不知道我這號人物。可以說，世上每個人都十分期待上主對自己這個有形有相、有血有肉的我另眼看待。事實上，上主只認識祂的靈性之子，而這位聖子和祂的愛不曾分離片刻。既然上主的愛沒有主客之分，我們所珍惜的那個虛假生命便不可能存在於祂內。為此之故，我們真該謝天謝地，上主根本不知道這個卑微的我：

> 寬恕自己的瘋狂吧！……你無法逃避自己的真相。因為上主是仁慈的，絕不會任聖子棄祂而去。為祂這一真相而感恩吧！因這成了陷於瘋狂與死亡中的你的唯一出路。你只可能從祂所在之處尋回自己。（T-31. IV.11:1,3~6）

確實，我們只可能從幻境之外尋回自己的自性。各位可還記得第九十三課的這一段：

你所營造出來的自我，並非上主之子。因此，這個自我根本就不存在。它外表所做及所想的，不具任何意義。因此也無所謂好壞。它根本就不是真的，如此而已。它並非與上主之子交戰。因它既傷害不到上主之子，也侵擾不了他的安寧。它不曾改變過造化的真相，也無法把永恆無罪貶為有罪之境，或是將愛轉變為恨。你所營造出來的這個自我，一旦與上主的旨意衝突，豈有招架之力？（W-93.5）

(6:1) 今天，祂會向你發言。

其實上主隨時都在向我們「發言」，問題在於我們充耳不聞。因為我們唯恐自己一旦聽到祂說的真相，就保不住自己的特殊性了。

(6:2) 祂的天音正等著你靜下來；你必須平息那些無謂的欲望，讓自己的心靜止片刻，才可能聽到祂的聖言。

言下之意，責任始終在我們身上，故必須先意識到自己之所以雜念紛飛絕非偶然，完全是小我存心放出「靜電噪音」，企圖淹沒天音，隱藏聖愛。為此，我們必須十分留神今天所有的感受，對隨時冒出的無謂欲望、判斷和期待等等念頭保持警覺。下面這一段話直言不諱地點明了「特殊性是如何覆蓋上主寧靜天音的」：

如果你請教、答覆與聆聽的對象，都是這一特殊性，

你可能接收到聖靈什麼樣的答覆？上主不斷以愛讚頌
你的生命真相，你卻一味聆聽特殊性的喑啞回應。上
主讚美你與愛你的雄偉讚歌，在特殊性的淫威下，只
好噤聲不語。每當你豎耳聆聽特殊性的喑啞之聲時，
上主對你的呼喚必然不復可聞。（T-24.II.4:3~6）

　　特殊性竟然具有這麼大的威力，小我豈能禁得起誘惑，難
怪它寧可選擇特殊之愛而不惜放棄耶穌之愛了。

**(6:3~7:1) 靜靜地等候祂的聖言吧！今天我們要請出你內在的
平安，為你那無比神聖的心靈作準備，它才聽得見造物主的發
言。**

**今天選個最適合靜心的時段作三次練習，每次十分鐘；切斷世
界的雜音，決定以溫柔的心聆聽上主之言。**

　　這兩段話幫助我們意識到自己多麼認同於世界的說法，而
它其實正是我們自身投射出來的思想體系。為此，如果我們根
本意識不到小我的思維方式，哪有機會與它抗衡？由此可知，
若要聆聽天音，我們必須隨時保持清明的覺知。這個觀點至關
重要，無論強調多少次都不為過，〈正文〉甚至連我們的困惑
都直接點出來了：

　　你也許會奇怪：正視自己的瞋心，且明白它的全面影
　　響何以如此重要？你也可能會想：何不請聖靈直接指
　　出你的瞋心，不待你本人覺察，就自動為你驅除，不

是更省事嗎？（T-13.III.1:1~2）

上述的提問，答案已不言而喻。今天的練習就是引導我們穿越仇恨，邁向超乎塵世的愛；這同時也意味著心靈接受了上主的聖言，救贖的天音平安寧靜地迴盪在分裂的心靈內。

(7:2~4) 祂在比你的心離你還近的地方向你說話。祂的聲音比你的手還接近你。祂的聖愛就是你的生命真相，也是祂的生命真相；祂與你、你與祂擁有同一生命。

我們還會不斷聽到耶穌反覆重申一體的觀念：我們不只與上主、聖靈是一體的，彼此之間也互為一體；而若要憶起我們在基督內的一體性，先決條件即是領悟出「我們與弟兄的一體生命」。

(8:1~2) 當祂向你發言時，你其實是在聆聽自己的心聲。祂所說的其實是你真心想說的話。

在正念心境內，自己的心聲和聖靈天音其實是一個聲音。耶穌既是聖靈的化身，自然也會邀請我們活成聖靈的化身；而當我們陷於妄念心境時，真的很需要經驗到那種超乎自我的聖愛。為此，我們必須甘心釋放愛的種種干擾，才可能與愛結合，進而悟出自己和那個聖愛竟然是不可分割的同一生命。畢竟，上主的天音只可能說出獨一無二的聖言，而這個聖言就是我們的生命真相。

(8:3~4) 那是自由與平安之言，也是你的願心與目的聯合發出的聖言，它在天父與聖子的同一天心內，兩者無二無別。今天，靜靜地聆聽你的自性吧！讓祂告訴你，上主從未離開過他的聖子，你也從未離開過你的自性。

言下之意，上主和聖子原是同一生命，兩者一體無間，既沒有個體性或差異性，更不可能有不同的聲音在那裡叫囂分裂而企圖離間我們和自性的關係。那麼，我們怎麼可能找不到從未失落之物？況且，沒有聖子，哪有什麼天父可言？

> 上主從未離開過自己的「聖念」！祂不可能與聖子分離，就如聖子也不可能自絕於上主。他們只可能結合於上主內，唯有回歸一體生命，雙方才得以圓滿。沒有一條道路可能背離上主。也沒有一種旅程可能背離你自己。除了徹底瘋狂且愚昧的人以外，誰會想得出以此為目標的路途？……你只可能從祂所在之處尋回自己。（T-31.IV.10:1~6;11:6）

(9:1~3) 你只需靜下心來。此外，你不需要任何其他指示，今天的練習會將你提升到世俗思維之上，使你的慧見不再受肉眼所限。你只需靜下心來聆聽。

「靜下心來」，是本課練習對我們唯一的要求，而且不僅在今天，還應每天都如此。如今我們已經明白，得先好好覺察心內的噪音。因為那些雜念存心壓制細微寧靜的天音，還一味

否認我們那些夢想、念頭和感覺都只是自己捏造出來的一個大幻相，最終只有一個目的，即是阻止我們憶起自己原是上主之子這個真實身分。我繼續引用前面那一節〈正文〉：

> 這課程要教你的不外是：你無法在同樣虛幻又同樣錯誤的花招之間發揮出真正的抉擇能力。（T-31.IV.8:3）

由此可知，本課程是要求我們在「一個」分裂幻相和反映出真相的「一個」寬恕之間，作出「一個」選擇。

(9:4) 你會聽見聖言的；在此聖言中，聖子的旨意融入了天父的旨意，兩者一體無間且全然真實，沒有任何幻覺能夠插足其間。

這兒再次重申了「一體是我們的存在真相」。若要憶起這個單純的真理，必須承認自己還在不斷製造分裂。故保持「儆醒」，可說是《奇蹟課程》的基本修持。它要我們特別留意自己與他人之間隱藏的種種分裂意圖，有時極其隱微，有時明目張膽，不論對方是特殊的愛或特殊的恨，我們都會不自覺地評判、怨怪、結盟或堅持自己是對的。如今，我們總算意識到「轉變」的必要性，逐漸放下了「**我若要贏，你就得輸**」的世界思維，從小我的「個別利益」轉向聖靈的「共同福祉」。終有一天，我們會徹底領悟，自己和弟兄不是兩個不同的生命。不論是輸是贏，若非「全輸」就是「全贏」，就看自己拜誰為師了。

世上所有選擇都基於這一信念：你必須在弟兄與自己
之間作選擇，他損失多少，你就獲益多少；你損失多
少，他就獲益多少。這與真理簡直是天壤之別，真理
給你的人生課題無非是教你明白：你弟兄失落什麼，
你也會失落什麼；他獲得什麼，那就是上天賜你的禮
物。（T-31.IV.8:4~5）

今天，我們要為所有的**聖子**作出這個選擇：承認自己與生
俱來的同一性。

**(9:5) 今天，每過一小時就靜止片刻，提醒自己今天的特殊任
務，且靜靜地領受上主的聖言。**

事實上，我們不僅每小時就該靜心片刻，而且多多益善，
尤其在心內很想向弟兄說「你我大不同」的那一刻。今天這一
課練習的目的十分具體，就是牢記小我的居心，不再跟它妥
協，盡量與「為真理及寬恕發言的寧靜天音」認同。到了下一
課，耶穌還會進一步解說，由小我的假寬恕轉向聖靈的真寬恕
的整個過程。

第一百二十六課

我所給的一切，都是給我自己的

　　這又是至關緊要的一課，也是耶穌提到「毀滅性的寬恕」的少數章節之一。「毀滅性寬恕」是〈頌禱〉中的一個術語，在整部《奇蹟課程》還出現過三次，除了本課以外，另有第一百三十四課「願我看清寬恕的真相」，以及〈正文〉第三十章「寬恕的道理」那一節（T-30.VI）。耶穌在這三處未必直稱「毀滅性寬恕」，而是把小我企圖陷我們於特殊性的這種寬恕稱為具有**毀滅性的假寬恕**。

　　本課的主旨具有兩層深意，一則強調「給予」乃屬於心靈層次，二則強調在心靈層次上主僅有一位聖子；這正是「施與受是同一回事」的立基點。「我所給的一切，都是給我自己的」，因為在我之外，沒有別人。弟兄和我既是同一生命，在我愛他之際必已把愛也推恩給自己；我若攻擊他，就無異於在傷害自己。真正的施與受只可能發生於心靈層次，而聖子只有

一個心靈，故施與受當然屬於同一回事。反之，**毀滅性的寬恕**卻充斥著「我們是兩個不同生命」的小我信念，故它不只會強化分裂思想體系，還讓我們攻擊得理直氣壯。

(1:1) 今天的觀念，就小我與世俗的想法而言簡直不可理喻，它卻是扭轉小我思維的樞紐，也是本課程的宗旨。

今天，我們要透過寬恕來扭轉小我的分裂思想體系，同時化解個別利益的信念，從而憶起「我們是同一生命」的真相。〈正文〉曾經提醒：「你……是在與自己交鋒。」（T-31. V.15:5）也就是說，不論我給你的是怨恨或寬恕，是內疚或愛，都成了我給予自己的禮物。正因如此，我們才這麼強調共同福祉，因為天地之間唯獨只有一個福祉可言。

(1:2~3) 你若相信這一說法，那麼，全面寬恕、目標明確、方向篤定，對你均非難事。你會了解救恩將藉由何種管道降臨於你，且會毫不遲疑地把握機會加以善用。

其實我們並不相信這一說法，因為我們害怕一旦相信了，它就會讓我們失去「分裂而獨立」的個體之我；而你我的分裂，乃是源自「上主和我是分裂的」那一念。事實上，我們不光是分裂，還可以不同到誓不兩立的地步：「我若存在，祂就不可能存在！」小我便是由這種信念孕育出來的。我們曾經談過無明亂世的第四法則「我擁有的是我奪取來的」——在我奪取了生命的那一刻，上主必然失落了生命；我就這樣登上了造

物主的寶座。由是可知，讓我們如此不同的，正是「非此即彼，無法並存」這一原則，這也成了小我「分裂、仇恨以及謀殺」思想體系的基石。

因此，質疑小我的思維，等於質疑自己的存在基礎；這才是我們必須抵制到底的真正原因。幸好，即使我們意識不到上主與我的一體關係，仍能透過人間的關係逐漸意識到祂的存在。故接受了寬恕的**方法**，等於認同了寬恕的**目標**，並且以救恩和上主的愛作為此生唯一的意義。

(2:1) 讓我們反省一下你所相信的另一套與此相對的觀念。

這句話又把我們帶回**毀滅性的寬恕**，它等於聲明：你和我在「人生目的」以及「存在形式」大不相同，各自追逐一己的利益，你要我所想要的，我要你所想要的；我們就這樣掉入了特殊關係的戰場之中。

(2:2~3) 你覺得其他人與你是分立的，他們的所作所為，與你的想法毫不相干，你的作為對他們的想法也是如此。因此，你的心態對他們不起任何作用，他們的求助形式與你自己的求助完全無關。

箇中原委，仍然是出在我們是兩個不同的人。正由於軀體上的隔閡，縱然我們明白了自己是心靈，但還是認為你我具有不同的心靈。小我為了保護自己，不得不把罪投射成一個「有罪的他」，並且跟他劃清界線。既然他如此罪孽深重，我這麼

清白無罪，對方的一舉一動對我的身體必會造成威脅；只有我
內心對他的看法，是他改變不了的。

　　因此，對方若陷於困境，我的小我必會歡欣鼓舞，因為這
意味著他已受到上天的懲罰，我終於可以高枕無憂了。無論如
何，我絕不會認為自己和他的困境會有任何關聯的。有時候，
我或許會伸出援手，但也純屬自願，對自己並沒有什麼影響，
因為是「**我**」在幫「**你**」這位落難之人。這可說是小我最厲害
的一招了：有問題的是你，而不是我；應受天譴的是你這個
罪人，而非無罪的我。為此之故，我們不能不緊緊護守這種觀
念，否則會被自己的罪孽深重以及上主的懲罰所嚇倒。可以
說，**毀滅性的寬恕**乃是小我自救計畫最狠毒的一招，它要我們
學的這種寬恕，在在證明了你我的不同才是真相，你我的同一
則純屬幻覺。

> 「毀滅性的寬恕」成了有相世界的一道武器，它有千
> 百種化身。它們的毀滅性未必全都一目了然，有些還
> 會鬼鬼祟祟地藏身於某種愛心之下。不論它化身為何
> 種形式，居心只有一個，就是製造分裂，使上主的平
> 等造化開始有了分別。（S-2.II.1:1~3）

(2:4) **而且，你認為他們所犯的罪影響不到你的自我觀念；你
能判他們的罪，自己卻不受這罪罰的波及而活得心安理得。**

　　小我的詭計就是如此得逞的：麻煩一落到你頭上，我就沒

事了；不僅如此，我的「無罪」又給了我審判你的權利，因為我早已忘了那個罪其實源自於我內。換句話說，縱然是我一手打造出它，但我忘了自己才是編織這個夢境的夢者，才會感到那些事情全都發生於自身之外。其實，整個夢境就是依據「**觀念已經離開了它的源頭**」的小我原則而呈現出來的。小我先是這樣教唆我們：「你可以把自己的罪咎之念投射到他身上，如此便能逃避上天的懲罰。」然後又進一步慫恿：「你們既然是兩個毫不相干的生命，那麼，他內心經歷到什麼，就算是你嫁禍於他，對你一點影響也沒有。他污染不到你，你也污染不到他；反之，沒有比他的罪孽更能襯托出你的清白的了。」下面這一段〈正文〉，奇蹟學員大概早已耳熟能詳了：

> 當心那讓你認為自己受到不公待遇的誘惑。這種心態不過想證明只有你是無辜的，祂們〔上主與基督〕則不是，你想把罪咎套在別人身上。讓別人背負你的罪咎，就能買回你的純潔無罪嗎？你攻擊他，不正是為了證明自己的無辜嗎？你攻擊上主之子之後，不曾企圖嫁禍於他人嗎？你為了讓自己安心，不能不相信自己沒幹過那些事情，而且自己才是無辜的受害者。不論你用什麼方式來玩罪咎的把戲，必須有人認輸或受損才行。必有一方奪走另一方的純潔無罪，才能證明自己的無辜。（T-26.X.4）

上述引言所影射的，正是**非此即彼**之原則——不是你有

罪，就是我有罪。這段話不但道盡了特殊關係的本質，還指出它是小我窩藏罪咎之處，也是抵制真愛的那個運作機制。

(3) 當你「寬恕」了一個罪時，對你並沒有直接的利益。你只是對一個卑微無用的人大發慈悲而已，它不過顯示你的優越感，比你所寬恕的人高出一等。他原本不配接受你的慈悲與寬容，那只是你對這卑微之人網開一面而已，他因著自己的罪過已低人一等，不配與你平起平坐。他沒有權利要求你寬恕。那純是你對他的施捨，不能算是你給自己的禮物。

　　這段話描述得相當尖銳，耶穌的用意所在，就是要我們特別留意自己今天如何身不由己地演出這種典型的攻擊戲碼。這番闡述和〈頌禱〉所說的一樣，都毫不留情地揭發了假寬恕的毀滅性。然而，我們通常都意識不到它下面隱藏的微妙心態。比方說，我對某人先下了評判，然後以寬恕為幌子，聲稱放下了對他的指責，這樣做，其實是凸顯自己高人一等。小我就這麼扭曲了寬恕——基於我仁慈的施捨之故，你成了寬恕的受惠者，其實你根本不配受此恩惠，你的純潔無罪純然是我對你的施捨。〈頌禱〉更是一針見血地為我們指出這種善行所隱藏的傲慢及仇恨：

　　　　在這類寬恕中，首先，它會設計出「比較優秀」的人
　　　　屈尊就卑地把「比較差勁」的人由困境中拯救出來。
　　　　這種寬恕具有高高在上的貴族架勢，舉手投足之間
　　　　流露出來的驕傲心態，絕不可與愛同日而語。誰能一

邊寬恕又一邊藐視人？誰能一邊告訴那人他罪孽深
重，一邊還把他看成上主之子？誰能一邊把人視為奴
隸，一邊又教他自由的意義？這種寬恕沒有合一，只
有悲哀與怨恨。這不是真正的慈悲。它與死亡無異。
（S-2.II.2）

**(4:1) 如此，寬恕基本上是沒有道理的事，是一種心血來潮式
的善意，是他不配得到的恩惠，是有時可能給有時不必給的禮
物。**

言下之意，除非我認為你配得寬恕，我才寬恕你；否則，
我就不該寬恕你。寬恕與否，全憑**我**的決定，就看你是否合乎
我的期待或滿足我的需求了。

**(4:2) 由於它不是應得的，故扣留不給反倒合乎情理，你若為
此而受苦受罰，才是不公平的。**

也就是說，倘若我不寬恕你，是由於你不配得，受苦也是
活該。如此一來，不只平反了我受到的委屈，還能讓別人相信
我才是正人君子。可以說，人類投射出來最極致的角色莫過於
《聖經》裡的上帝了──誰配得到天堂的愛，誰不配得到，只
有祂說了算！

(4:3) 你所寬恕的並非你自己的罪。

因為小我的最終目的乃是把罪弄假成真，而且「除了我以
外，眾人皆有罪」。如此才能凸顯自己的個體價值，而外面那

群罪人不僅要對我的個體生命負責，還要為我篡奪上主生命之罪付出代價才行。

(4:4~5) 而是你身外的他所犯的。你若出於仁慈而給他不配得到之物，那禮物就會跟他的罪一樣都歸他所有，不再是你的了。

從小我的立場來講，我並不需要什麼寬恕的禮物，因為有罪的不是我，而是你；所以我才寬恕你。顯然的，這種寬恕完全建立在「我和你是兩個不同的生命」這一前提上。老實說，我們根本無法想像「人人都一樣」會是怎樣的一個世界，連「生命」都得靠精子和卵子這兩個不同的細胞結合而成。而且，「你有罪而我無罪」的事實進一步證明了我們確是兩個不同的人，故我慷慨施予你的那個寬恕當然也跟我毫不相干，因為我自己不需要寬恕。不消說，這種毀滅性的寬恕勢必導致我們與聖靈的真寬恕失之交臂。

(5:1) 果真如此的話，寬恕就失去了足以令你信賴的穩定基礎。

這種寬恕倘若是真的，那實在太不可靠了，因它全憑我一己的主觀心情而定。人類歷史中的神明，尤其是《聖經》所描繪的上帝，可說是小我思想體系的最佳代言人了。這種上帝的寬恕和愛，說得客氣一點，好似很隨興，同一罪行，有時會仁慈地寬恕，有時卻一定要置罪人於死地。當然，《聖經》裡的那個耶穌也不例外。〈創世記〉有這麼一段記載，上帝不滿意猶大的長子珥，也沒說出理由就奪取了他的性命；經文說：

「猶大的長子在耶和華眼中看為惡，耶和華就叫他死了。」上帝還不甘休，又對猶大的次子俄南再下毒手，因為猶大要俄南跟他大嫂行房，為被殺的哥哥珥留個種，但俄南知道孩子就算生下來也不屬於他，故每次與大嫂同床都故意遺精到地上；經文說：「俄南所作的，在耶和華眼中看為惡，耶和華也就叫他死了。」（〈創世記〉38:1~10）

　　總之，在你覺得為時已晚之前，永遠猜不到上主今天起床時的心情。你的存活得看祂或耶穌那天是否高興。可以說，上帝的愛在《聖經》裡簡直吉凶難卜，這和耶穌在《奇蹟課程》呈現的愛，實在有著天壤之別。

(5:2~3) 那是一種特立獨行，你只是對那不配受你寬恕的人暫且放他一馬而已。然而，你仍有權利要求這罪人為自己的罪付出相稱的代價。

　　傳統天主教賦予了神父赦罪或不赦罪的權力，而這個權力所依據的，顯然就是小我心目中那個善變的上帝形象。祂的寬恕**絕非**無所不包、不分對象，不管是否出自公正，祂永遠為自己保留最後的審判權。無庸置疑，這個假上帝根本就是按人類的形象打造出來的，也難怪，祂的寬恕如此充滿了**毀滅性**。

(5:4~5) 你真認為天堂之主會把世界的救恩建在這樣的基礎上嗎？祂給你的救恩若純粹出於心血來潮，表示祂對你關心的程度實在低得可憐。

　　真正的寬恕必然出於上主在愛中創造的完美一體本質，因為，只有一體實相方能證明「什麼也未曾發生」。為此，當我寬恕你時，心裡必定全然明白，我對你的不滿，只不過表示我已經把自己的罪過投射給你了；而你我共有的罪惡感，最終都是在否定上主賦予我們的一體生命。我們不妨先讀一段第一百九十二課的幾句話：

> 你在世的任務就是寬恕他，如此，你才可能接納他為
> 你的本來面目。他仍是上主所創造的他。而你正是那
> 個真實的他。（W-192.10:6~8）

(6:1~2) 你並不了解寬恕。在你的眼中，它最多只會讓你公然發動攻擊時有所顧忌而已，你的心靈並不需要修正。

　　換句話說，我所做的一切，不過是想阻止你公然攻擊我的惡行，故需要改變的不是我，因為有問題的並非我，而是你！然而，基於「觀念離不開它的源頭」的道理，我不僅再也意識不到內在的攻擊心態，而且經由投射之後，它反倒在心中更加根深柢固了。〈練習手冊〉有一段話如此描寫不寬恕的念頭：

> 不寬恕的念頭，是指一個人作了一個毫不真實卻不容
> 他人置疑的評判。心靈一旦封閉，等於作繭自縛。這
> 念頭會保護它所投射之物，扣緊鎖鏈，使那層扭曲變
> 得更加隱蔽，難以捉摸，不易質疑，且與理性背道而
> 馳。（W-PII. 一 .2:1~3）

(6:3~6) 在你的觀點中，寬恕並不會帶給你平安。它無法幫你擺脫自己在他人身上而非由自己身上所看到（且深受其苦）的一切。更沒有能力幫你覺悟到你與他的一體性。這絕不是上主有心賜給你的寬恕。

「上主有心賜給你」的聖靈慧見，即是：寬恕別人其實就是在寬恕自己。反之，毀滅性的寬恕永遠建立在分裂的妄念上。這種寬恕絕不可能帶來平安的，因為我在他身上已拒絕了上主要給我的禮物，內心怎麼可能平安？心中的衝突陰影必會繼續在日常生活中作祟。〈教師指南〉曾這樣描述被我們拒絕的寬恕使命：

> 上主教師的任務不外於此：他們不再把他人之願視為
> 與己無關的願望，也不會把自己的意願視為與上主旨
> 意無關之願了。（M-5.（三）.3:9）

接下來，耶穌開始講解「真寬恕」了——這正是完成我們此生任務唯一的途徑。

(7:1) 你若不獻給祂所要求的禮物，你就無法認出祂的禮物，還以為祂沒有給你。

如何才能憶起上主給人的愛之大禮？不論我們在夢中瘋狂到什麼程度，最上乘的法門仍是：無論自己在他人身上看到什麼，內心十分清楚，那全然是自己虛構的影像。但怎樣才能夠意識到那是虛構的現實呢？答案無他，我必須先看清自己在

對方身上究竟投射了什麼知見，也就是我到底對他做了什麼評論，定了什麼罪。耶穌要幫助我們看清，我對別人的看法，其實正是我對自己的看法；這成了我轉變的最大契機。〈正文〉有一段明確的指示：

> 如果你感到弟兄冒犯了你，請立刻由心中拔除這個感受，因為那等於是說，基督冒犯了你，表示你對他的認知已經受到了蒙蔽。……不論你認為什麼東西冒犯了你，其實是你冒犯了自己卻諉罪於上主之子，上主是從不定聖子之罪的。讓聖靈除去上主之子對自己的一切冒犯吧！遵照他的指示去看每一個人，因為他真的想將你由一切罪罰中拯救出來。（T-11. VIII.12:1,3~4）

因著我和弟兄投射在彼此身上的煙霧彈，使我難以認出聖子的真相，自然會認為上主「沒有給我」這個禮物。我再引用一段大家相當熟悉的〈正文〉：

> 基督就在上主祭壇等著歡迎聖子的來臨。但你必須全面做到不再定任何人的罪才行，否則你就會相信天門已上了鎖。（T-11.IV.6:1~2）

總之，唯有看清自己的判斷和攻擊，我們才會承認原來是**自己**鎖上了這道心門。

(7:2~3) 若不是為了你好，祂豈會向你要求這種禮物？祂怎會滿

足於其他空洞的表態，那些無謂的禮物怎麼配得上祂的聖子？

　　所謂「空洞的表態」以及「無謂的禮物」，指的就是世俗的寬恕觀念：他做了不可饒恕的事，但這回我決定放他一馬。此舉意味著我在他身上看到惡行是不容置疑的。但上主不會接受小我這類寬恕的，因祂不可能知道分裂這一回事；凡是違反聖子完美一體真相之事，祂一概不知。

(7:4~6) 救恩之禮遠大於此。真寬恕才是獲得救恩之道，它必能治癒那慨然寬恕的心靈，因施與受是同一回事。你若還未領受到，表示你尚未給出；你若已經給出，你必已領受到了。

　　換言之，從我這兒推恩給你的禮物，必有療癒自己的效果，因為我心目中的你，其實是自己分裂出去的一部分。我一旦改變了對你的看法，必會改變我對自己的觀感。不僅如此，不論我給你什麼禮物，必也成了我給自己的救恩。

(8:1~2) 今天我們要試著了解施者與受者其實是同一人這一真理。這真理與你的慣常思維可說是南轅北轍，你需要外援來幫你看出其中深意。

　　耶穌想讓我們知道這真的很不容易；如果我們能夠承認這一事實，就再好不過了。但在現實上，聖子的一體真相對分裂之我來講實在太陌生了，也沒有任何意義。因為，如果「施者與受者其實是同一人」這句話是真的，我對自己所有的信念就站不住腳了。究竟地說，我若牽著耶穌的手而開始寬恕的話，

表示我過去的自我概念顯然有誤，包括了我之所以為我的分裂之念。但只要我們仍然相信你我是不同的人，施與受自然也成了兩碼子事。

(8:3~4) 而你所需要的神聖助援就在那兒。今天便向祂獻上你的信心吧！祈求祂與你一起練習今天的真理。

　　總而言之，練習的關鍵即是向聖靈求助。但如果我們壓根兒不承認自己有問題，又怎麼可能求助？難怪身為導師的耶穌，首要之務即是提醒我們，每當我們窮於應付外在問題之際，要明白，那是自己心內的問題。換言之，那些外在問題之所以侵擾到內心的平安與愛，表示自己已經把心內的罪咎投射到那些事件上了。下面這段引言也是同一道理，它藉用我們對別人的怪力亂神心生反感為例：

> 因此，如何處理人間的怪力亂神，成了上主之師必須掌握的一門重要課程。他的首要之務即是不去攻擊它。只要怪力亂神之念仍會激起上主之師一點憤怒的情緒，無可置疑的，他不只加深了自己對罪的信念，而且定了自己的罪。還有一點是可以肯定的，他會為自己招來更多的煩惱、痛苦、恐懼以及災禍。（M-17.1:4~7）

　　儘管如此，怪力亂神之念或是任何引起小我反彈的想法，往往也能夠發揮鏡子的作用，反照出自己心內所隱藏對怪力亂

神及罪惡的信仰，只因我們真的相信小我能夠滿足我們對愛的渴望以及現實需求。為此之故，我們必須先覺察罪咎一直在心中作祟，如此，才會促使我們**為自己**而向聖靈求助。我們早已說過，知見本身代表一種詮釋，問題不在於我看到了什麼，而在於我對那一事件的詮釋，竟然使我相信那個問題嚴重到足以奪走上主的平安。總之，是我需要一位老師來教我明白一切問題出於心內，並且為我指點迷津，該向「何處」求援才是。

(8:5) 你若能看出今天的觀念所給你的解脫力，即使只是驚鴻一瞥，這一天就成了全世界的凱旋之日。

　　耶穌並不指望我們一天二十四小時都記住這個觀念，但哪怕只有片刻，能夠清楚意識到他教的才是真理，而且承認自己那一套全錯了，他就非常滿意了。那「驚鴻一瞥」的經驗，不只是我個人的榮耀，也代表了我們心中那個世界的凱旋。

(9) 今天練習兩次，每次十五分鐘，深入體會今天的觀念。這個觀念會幫你釐清寬恕在你心目中的重要性。這個想法能幫你清除內心每一道障礙而明瞭寬恕的真諦，且認清它對你的價值。

　　操練每天的練習，重點不在於「照本宣科」，而是把每一刻都當作學習寬恕的機會，心中明白自己永遠沒有藉口與弟兄分裂。縱然目前還無法真正接受這一體真相是弟兄和我共有的存在本質，但至少願意承認目前的分裂心態是錯誤的，尤其是

開始怪罪對方奪走自己內心平安的那一刻，更要提高警覺。

　　再提醒一下，我們若不把這些基本的奇蹟理念應用於日常生活，是不可能從這部課程獲益的。我們需要不斷提醒自己，不論今天發生什麼事，唯一需要做的，乃是向耶穌學習如何看待我們的人際關係。然後，溫柔地觀照內在的心念起伏，看看我多快就將耶穌拋諸腦後，又把特殊性奉為自己的偶像了。

(10:1) 靜靜地閉上眼睛，不再著眼於那毫不了解寬恕為何物的世界，在這寧靜中尋找你的聖所；那兒，你的思維開始轉變，你會放下自己的錯誤信念。

　　這「寧靜的聖所」，指的正是已經選擇聖靈而放下小我的抉擇者，意味著我們終於承認錯誤而願把虛幻的妄見帶到聖靈的真理內了。此刻的心靈便在喜悅及感恩中轉化成一座神聖的祭壇，天堂之愛澆息夢境裡痛苦與仇恨的火焰，在心中清出一片寧靜的淨土。這讓我想起海倫那首詩篇〈悔轉〉的第二段：

> 有一寂靜之地，上主的聖言
> 傾注了千古意義，它永恆不易；
> 無遠弗屆，言無不盡。

> 有一寂靜之地，上主的平安
> 粲然發光，映照在生命長河上
> 化為歡躍的水珠，
> 洗淨人間夢境的詭譎。

基督的終極禮物，

只等著一聲祈求或嘆息，

夢裡的邪靈，瞬間轉為基督的祝福。

縱然，這也只是一夢，

一夢，了結了千秋大夢。

　　　　　　　——《天恩詩集／暫譯》P.61

(10:2~3) 好好地複誦今天的觀念，祈求祂幫你了解其中深意。虛心受教吧！

最後這一句話至關重要：我們務必要有「虛心受教」的願心。然而，我們若不甘承認前半輩子自教自學的那一套全錯了，怎麼可能甘心受教？〈正文〉有兩句一針見血的話，我把它們連接起來就更清楚了：

現在就辭去你自以為師的角色吧。……因你被自己誤導已深。（T-12.V.8:3;T-28.I.7:1）

我們必須甘心認錯才行。也就是說，每當我們堅持己見，無論是對是錯，我們至少知道自己已經選擇了小我。上主平安的力量只存於寂靜之中，蘊含了安心、平等以及永恆不變；而我們的判斷、憤怒、期望、操心、焦慮等等反應，恰恰透露出我們已經離開耶穌轉而去牽小我的手了。總之，我們若對任何事過於激情，便會失落那份悠然寧靜的心境。請記住，平安與寧靜是分不開的，絕不會潮起潮落，難怪耶穌用《聖經》的一

句話「平靜而微細的聲音」（〈列王紀上〉19:12）來形容聖靈的聲音：

> 唯有寧靜的心才可能憶起上主。（T-23.I.1:1）

　　是的，寧靜的心才會生出受教的願心，方能聽到那來自永恆的靜謐天音。

(10:4) 欣然聆聽真理與治癒之聲向你所發之言，你不僅會了解祂的話，還會認出祂所說的原來就是你自己想說的話。

　　我們在前一課的結尾也看到類似的描述：聖靈的天音就是我們的心聲，祂的話正是我們心中想說的話。也就是說，不只你和我一體不分，你和聖靈、耶穌與我都是同一生命。無可否認，夢中的我們確實各活各的，彷彿互不相干，故更需要這位神聖導師之言來取代心內的小我之音。一旦與祂結合，我們的耳朵便打開了，從此能在世間所有聲音中聽到那唯一的天音。

(11) 盡可能隨時提醒自己今天的目標，這個目標使得這一天對你及弟兄們彌足珍貴。不要讓你的心靈遺忘這目標太久，不妨這樣向自己說：

> **我所給的一切，都是給我自己的。此刻學到這一真理**
> **所需的神聖助援就在我身邊。我願全心信賴祂。**

然後安靜一會兒，敞開你的心，接受祂的修正及聖愛。你會相信祂向你說出的一切，只因你願接受祂所賜你的一切。

　　課文最後，耶穌再度給予我們一段勸勉的話作為結束。他要我們在心中把寬恕奉為最高指標，隨時覺察在分享或給予時所生出的犧牲與失落之感，也意識到自己已經著眼於個別利益而非共同福祉；以及隱隱勾起的曾經盜取天堂生命的那個「咎」。此時，莫忘提醒自己，是誰在伴我們同行，又是誰的愛在支撐著我們，我們便不難重新選擇了。一旦憶起這一真相，立即回到心內，平息紛亂的思緒和充滿怨尤的念頭，那時，聖靈便會如燈塔一般在心中放射光芒，那寬恕之光足以驅散所有分裂及罪咎的妄念。如今，我們終於順利地接收到祂的禮物了。這份禮物不只照亮自己的心靈，而且遍照寰宇，無遠弗屆。唯有如此地給出，我們才會知道自己真的領受到了；我們領受了什麼，便會推恩什麼，還有比這更美妙的救恩嗎？

第一百二十七課

除了上主的愛以外，沒有其他的愛存在

　　本課一開始便把正面的真愛和負面的特殊之愛作了一番鮮明的對比。

(1:1~2) 也許你認為人間還有各式各樣的愛。也許你認為，有一種愛專為這個，而另一種愛專為那個；有一種方式愛這一個，又有另一方式愛那一個。

　　這幾句話顯然是針對特殊的愛而發的，比方說，配偶或戀人的愛必然不同於親子或朋友之間的愛；對動植物的愛與對人類的愛必然有所差別；對耶穌及上主的愛和上述所有的愛更是大不相同。可以說，人間各式各樣的愛等於在為小我之見撐腰，全都證明了第一條無明法則「幻相有層次之分」（T-23.II.2:3）。不僅如此，我們還會為不同的愛賦予不同的價值，例如神的愛比性愛或愛情更高級，而我們對寵物、植物乃至事業

的愛，都遠不及母愛的純潔。

(1:3~7) 其實愛只有一個。它既沒有部分之別，也沒有程度之分，亦無種類或層次，更沒有分歧與差異。它就是自己的樣子，千古不易。不會因人事環境而有所改變。它是上主的心，也是聖子之心。

　　剛剛說過，夢境裡的愛所呈現的形式可謂五花八門，但如果我們想讓人間的愛反映出天堂之愛，那麼不論我的愛人做了什麼或沒做什麼，都不至於影響或改變我的愛才對。如果我有時候很愛這人而不愛另一些人，不論這愛看起來多麼神聖，必然來自小我而非正念之心。究竟而言，真愛在人間的倒影必須反映出上主的一體及永恆不易的實相。

　　當然，耶穌上述這番話並非要我們內疚，但如果我們好好正視自己的愛的關係，便不能不承認自己的愛確實變化無常。唯有意識到問題出在自己，才有改變的可能。因此，最有益的修持是隨時覺察到自己失去愛心的時刻，比方說，誰對我好，我就愛他，否則馬上翻臉無情。因此，唯有對自己的情緒起伏足夠敏銳，才能適時向耶穌求助，進而意識到這種愛其實反映了罪的信念，而這正是無常的起因。總之，我們在他人身上看到的，其實是自己內心不敢承認的罪，即當初決心與上主和聖愛分裂的那個選擇。

　　我們究竟為自己定了什麼罪？曾幾何時，我們背叛了自己

深愛的上主，對祂說：「祢的愛已經不能滿足我了，我更想要一個與眾不同的個體生命。」從此，我們自知背叛了愛，犯下不可饒恕之罪，於是小我使出它的拿手本領，教我們把這分裂之罪投射於外，然後控訴別人對愛不夠忠貞。事實上，我們真的很期待別人曖昧不明或不忠實，這樣才能理直氣壯地為自己戴上小我的無辜面具。

(2:1~3) 凡是認為愛是可能改變的人，是不可能明白愛之真諦的。他看不出根本沒有「會改變的愛」這種東西。為此，他會以為自己有時能愛，有時可以恨。

說到底，人類最懂得為心裡的怨恨辯護：「我本來不是這種人，是你害我變成這樣的。」或者：「我生來純潔善良，只因受盡父母虐待才仇視所有人的，這不是我的錯。」我們處處為內心的怨尤尋找藉口，要他人為自己多變的愛負責。〈正文〉有一段話為我們講述了無辜面容的真正企圖：

它相信自己是邪惡世界中的善人。

這副面容隨時會轉為憤怒，因世界如此險惡，純潔無罪的人在此無法獲得應有的愛與保障。因此，這張面容常因目睹世界對樂善好施者的不公而痛哭流涕。這副面容絕不會先下手攻擊他人。然而，每天不下百件瑣碎小事，一點一滴侵犯它的純潔無罪，最後它忍無可忍才會無情地反擊回去。

　　每個自我概念引以為傲的這張無辜面容，還能認可自衛性的攻擊，因為眾所周知，世界對毫無自衛能力的無辜者相當殘酷。（T-31.V.2:9~4:1）

　　就這樣，我們把恨偽裝成愛，自我憎恨的心態也因此安全地隱藏在這張無助又無辜的面容之下，從此永不得解。

(2:4) 他還認為只給這人而不給那人的愛，也能稱之為愛。

　　在人間，我們確實很難以同等的**形式**去愛每一個人，但耶穌的教誨一向只著眼於**內涵**，而非行為。他要我們特別留意的是「有時願給，有時不給」，或「只給這些人而不給那些人」之類的心念。下面這段引言句句痛下針砭，開導我們如何以無所不包的愛來修正小我的排外傾向：

　　你若只愛真相的某一部分，就不可能了解愛的真諦。上主心中沒有「特殊的愛」，你若用和祂不同的方式去愛，怎麼可能了解愛？相信特殊關係中的特殊之愛有拯救你的能力，等於相信分裂是你的救恩。救贖的徹底平等性才是救恩之所在。你怎敢確定聖子奧體的這一特殊部分會比另一部分帶給你更大的益處？（T-15.V.3:1~5）

　　請各位回想一下，〈練習手冊〉開卷伊始，耶穌便給出明確的指示：儘管肉眼無法巨細靡遺地看見房間裡的一切，我們也不可能挖掘自己所有的念頭，但只要沒有故意排除任何一

物，也就合乎要求了。因為「不設例外」乃是操練本課程的關鍵。這段引言正好呼應了上述那一句課文，它們的**內涵**完全一致，只是表達的**形式**不同罷了，都是要我們留意內心想要排除異己的傾向。故當我們環顧四周，如果忽略了某幅畫像，其實並無大礙；但我們若故意將某人排除在自己的愛之外，問題就非同小可了。

(2:5) 相信這一類愛的人根本不了解愛。

愛，完全屬於內涵層次。耶穌在〈正文〉論及特殊關係時就特別強調：特殊性就是小我用**形式**擊敗**內涵**的高招。我在此引用最有代表性的幾句話：

> 每當特殊關係引誘你加入這一祭儀去尋找愛，你應記住，愛屬於「內涵」，而非「形式」。特殊關係不過是一種祭禮而已，它企圖犧牲「內涵」而提昇「形式」，以取代上主的位置。「形式」本身沒有意義，而且永遠也不會有意義。（T-16.V.12:1~3）

由於我們幾乎完全與形式（即身體）認同了，對超乎形式的愛真的很難想像，因為我們無法了解愛無所不包的本質，自然認定自己可以只愛聖子奧體的某一部分而非全部。

(2:6) 如果愛能如此厚此薄彼，表示它已作了罪人與義人的分別取捨，而把上主之子視為分裂的生命體了。

這一說法，使得《奇蹟課程》和《聖經》裡的上帝及耶穌判若雲泥，而且涇渭分明。不論〈舊約〉或〈新約〉都斬釘截鐵地宣稱：「只有義人才會得救，罪人註定下地獄。」不論哪一章節或哪卷書信，全都口徑一致：「上帝的兒子絕非同一生命，而是由林林總總的群類組成的，他們還有好壞高下之分；而上帝必會獎賞乖兒子而懲罰壞孩子。」〈新約〉裡那位耶穌也跟著上帝一起瘋狂，聲稱經師和法利賽人均在「壞孩子」之列。在〈約翰福音〉中，連猶太人及其他不受歡迎的人都被排斥於救恩之外。我們竟然還會相信充滿特殊愛的這類神明，而且有樣學樣，一生都在示範特殊關係所隱藏的恨！

(3:1~2) 愛是不可能分別取捨的。它自成一體，因此，萬物在它眼中自然也成了一個。

也就是說，上主根本不知還有任何一個支離破碎的聖子存在。祂所認識的聖子只有一位，就是與祂一體不分的基督自性。也因此，「愛是不可能分別取捨的」，唯有在分裂之境，才可能作出形形色色的判斷。難怪「判斷」這個觀念成了《奇蹟課程》無比重要的主題；而放下判斷乃是救贖之真諦，也正是耶穌要教導我們的功課：

> 上主之師在這訓練課程中走得愈深，他在每一課所下的功夫就會愈徹底。他不再自行決定任何事情，隨時向自己的聖師祈求指引，作為自己行動的唯一指標。上主之師逐漸學會放下自己的判斷後，這事會變得愈

來愈容易。放下自己的判斷，無疑是聽見上主天音的先決條件；這一過程通常進展得相當緩慢，不是因為它的難度，而是因為這通常被人視為有辱個人的尊嚴。世間的訓練所致力的目標與本課程恰好背道而馳。世俗要訓練人信賴自己的判斷，甚至以此作為衡量個人堅強與成熟度的標準。我們的課程卻把放下判斷當作得救的先決條件。（M-9.2）

(3:3) 它的意義就存於這一體性內。

如果我只愛你的某一部分，那不叫作愛，因為真正的愛必定建立在完美的一體性上，絕不排除任何人和任何事。顯然的，小我特殊之愛的目的就是破壞天堂的一體性，讓愛淪為罪咎的窩巢。

我們已經說過，你若偏愛聖子奧體的某一部分，罪咎就會侵入你的人際關係，把它變得十分虛偽。你若企圖由整體抽離出某一部分，寄望他們滿全你心目中的需求，就等於企圖用分裂來拯救自己。罪咎怎麼可能不乘虛而入？因分裂乃是罪咎的源頭，期待它來救你，等於重申自己是一個獨立的個體。孤獨的人心中不可能沒有罪咎。因孤獨的感受等於否定了天父與聖子的一體關係，因而凌辱了生命的真相。（T-15. V.2:2~7）

　　我們先前已經解釋過，人間是無法了解一體之愛的，因真愛反映的是「天父與聖子的一體關係」。但我們仍有能力學習那反映天堂一體之愛的「共同福祉」，把自己的餘生投入這包容一切的修持。

(3:4) 凡是視愛為偏私或局部的心靈，必然不識愛的廬山真面目。

　　耶穌在此玩了一下英文雙關語 partial or in part，《課程》不乏這種手法。無疑的，「偏私」影射了判斷，才會偏愛這個群體、不喜歡那個群體。這種偏私的心態暗示聖子奧體在自己心目中已經分裂了，所著眼的，有好的也有壞的，我們才會僅僅偏愛其中的一部分。毋庸置疑，真愛必是全面而不可能是**局部**的；這意味著只要落入有所**偏私**的思想體系，是永遠不可能了解真愛的。

(3:5~8) 除了上主的愛以外，沒有其他的愛存在，一切愛都在祂的愛內。即使在無愛之處，愛的法則依舊運作其間。愛是唯一的法則，它沒有對立。它的整體性乃是維繫萬物一體的力量，也是維持天父及聖子同一生命體的永恆聯繫。

　　如果我們想在沒有真愛的夢境裡活出「愛的法則」，唯有一途，就是學習寬恕。縱然人間無法真正體驗一體之境，但只要明白弟兄與自己不是兩個分裂的生命，而是具有同一人生目的和同一使命，一體之愛的記憶遲早會浮現我們心中的。從

此，我們自身變成了神聖之愛的倒影。下面這段引言描述的正是這一美妙境界：

> 在世上，你能成為一面纖塵不染的鏡子，讓造物主的神聖本質在你的明鏡裡大放光明，照亮周遭的世界。你能夠把天堂反映於人間。……只等著你拭淨自己塗抹在明鏡上的陰森魅影。上主必會在那兒大放光明。人們在你的鏡中只會看到上主的清澈倒影。……只要拭淨鏡面，它的訊息便會昭然若揭，無人不識。（T-14.IX.5:1~2,5~7;6:5）

如同上述引言所描述的，這些練習的目的就是教導我們如何洗滌自己的心靈鏡面，方能讓它清清白白地反映出天堂的一體之愛，從而喚醒所有聖子的記憶。如此，我們終將抵達救贖的療癒之鄉，慢慢地由愛的倒影逐漸蛻變為愛的本身：

> 神聖本質在那兒〔天堂〕已不再只是倒影，而是倒影的真身。上主也不再是一種形相，祂創造的生命既是自己的一部分，他們在真相裡必然永遠擁有上主。而且不只反映真理，他們本身即是真理。（T-14.IX.8:5~7）

(4) 任何課程若以教你憶起自己真相為宗旨的話，必會再三重申你的真相與愛的本質之間毫無差別這一事實。愛的意義就是你生命的意義，也是上主自身的意義。因你的生命真相就是祂

的真相。除了祂的愛以外，沒有其他的愛存在，而祂之所是其實就是萬物之所有。祂的存在不受任何限制，你也與祂一樣的無限。

這意味著：凡是不在愛和一體之內的生命，都不可能存在，因為它與上主沒有任何關連。這也提供我們另一明證：為何上主不只不可能創造這個世界，更不可能知道世界的存在。

小我雖然鍥而不捨地爭取靈性的認可，以肯定自己的存在，卻始終無法得逞。靈性在真知內不可能意識到小我的存在。（T-4.II.8:5~6）

這個世界正是上主天心之外的東西，故沒有實存的可能；而我們的實存生命是上主之子，故不可能活在天心之外，因為我們是無限聖愛的一部分。真的，我們**就是**愛，結合於造物主及其造化的無限一體性內，這就是愛的真諦。

(5) **世間任何法則均不足以幫你了解愛的真諦。世界所相信的那一套，原本就是為了隱藏愛的真諦而營造出來的，它存心將愛打入不見天日的冷宮。人間奉為圭臬的運作法則，也沒有一個不與愛的真相以及你的真相背道而馳。**

這一段話說得真是一針見血。它在陳述一個事實：世間法則與人間教誨說來說去都離不開分裂幻境。縱然我們對世界萬象的詮釋有所不同，但全都不敢質疑世界的真實性。故世界所教導的一切必錯無疑，即使是量子物理學，從本課程的角度來

看，最終也跳脫不出小我的圈套，因為它雖然主張物質世界是虛擬的，卻把構成宇宙背後的妄念當真了。《奇蹟課程》的理念則大異其趣：宇宙所源自的分裂之念，它本身也是虛妄的。我們應隨時記住，《課程》的內涵始終指向一體不二的圓滿境界，**此外無他**。〈正文〉一開始，三言兩語就道盡這一真理：

> 因此，本課程可以簡單地歸納為下面這幾句話：
> 凡是真實的，不受任何威脅；
> 凡是不真實的，根本不存在。
> 上主的平安即在其中。（T-in.2）

更可貴的是，《課程》不只宣告世界非真，還道出妄造的目的「是為了隱藏愛的真諦……，存心將愛打入不見天日的冷宮」。下面這段〈正文〉雖然已經引用過，但有必要再體會一次，因為它把小我存心加深我們罪咎的陰謀刻畫得太傳神了：

> 恐懼的小天地就藏在肉眼所見的那一層次底下，它成了整個世界的存在基礎。世上的幻相、妄想、瘋狂、攻擊、憤怒、報復、叛逆，全是為了庇護罪咎而形成的，而世界又是為了隱藏這一企圖而形成的。罪咎的那些陰影一旦浮現出來，足以覆蓋罪咎顯而易見的表相，世界才會如此孤獨絕望而了無生趣。然而，這一罪咎的強烈程度卻被罪咎的重重掩飾遮蓋住了，讓你認不出罪咎與掩飾它的世界其實是同一回事。（T-18.IX.4:1~4）

　　想一想，我們怎麼可能信任這個存心攻擊上主而且加深我們罪惡感的世界？（W-PII. 三 .2:1）怎麼會有人相信這種謊言，甚至甘心被騙？這正是耶穌要我們好好省思的問題。

(6:1~2) 不要企圖由這世界找回你的自性了。你是無法在黑暗與死亡中找到愛的。

　　耶穌再次重申，世界是「黑暗與死亡」之地，絕非什麼充滿光明、生命、愛與希望的樂土；而且，這是**無可避免**的結局，因為世界只是黑暗與死亡之念投在人間的一道陰影罷了。我們之所以存在，是因為我們相信自己已經毀滅了光明、生命和愛。世界就是建立在毀滅之念上的，難怪它不斷將死亡陰影投回我們身上。為此，耶穌告訴我們切莫寄望於世界或身體，我們在那兒是永遠找不到救援的。要知道，我們當初刻意打造出陰暗的身體與世界，就是企圖用罪咎的紗幔覆蓋愛的光輝，故我們怎麼可能從這個存心隱藏愛的地方找到愛？可還記得〈正文〉末尾的「不待外求」（T-29.VII），那一節非常重要，因它表達了《奇蹟課程》一個關鍵理念：若要**尋覓**自性的真相，唯有進入心靈，才可能**找到**它。

(6:3) 對於眼睛看得見而耳朵聽得見愛的聲音之人，這是最顯然不過的事了。

　　當我們借助耶穌的眼睛去看世界時，便能具備正確的知見因而憶起了愛。又因為世界只是「描述你內心狀態的外在

表相」（T-21.in.1:5），所以寬恕的世界必會和我們心內的愛共振，傳揚救贖與平安的天音。

(6:4~5) 今天的練習，就是要把你的心由你以為不能不遵守的一切法則中解放出來，打破你日常生活的種種限制，並幫你超越你認為人類註定要承受的無常之苦。今天我們就要朝著本課程所預定的目標，踏出它所要求的最大一步。

我們若想憶起自己是上主的愛子，得先把自己由深信不疑的自然法則中釋放出來。也就是說，我們不僅必須意識到這些法則的限制，還要誠實「反問內心所珍惜的每一個價值觀」（T-24.in.2:1）。要知道，世間註定要發生的事，不論過去、現在及未來，就算是正面的進化，終歸也是白忙一場，只因它們全都屬於虛幻的分裂之境。然則，愛是永恆不變的，故我們**可以**改變的是「愛是變化無常的」這個信念。只要甘願放下罪咎思想體系以及隨之而來的攻擊、特殊性和死亡，原本限制我們的那套自然法則便會轉為寬恕的奇蹟，在夢境中為我們映現愛的天律。

當我們複習這一段或這一課時，切莫忘了，耶穌講的不是**外在**的自然法則，而是**內在**的小我分裂原則。請記得，耶穌關切的是我們在源頭上作的錯誤選擇，故本課程的焦點永遠指向**內涵**層次（心靈）的轉變，而非**形式**層次（身體）的轉變。

(7) 今天你若能驚鴻一瞥愛的真諦，你在解脫道上所跨出的一大步，是無法用距離衡量，也無法用光陰來估計的。讓我們今天一起歡欣地獻給上主一些時間，並且明白這是最上乘的利用時間的方式。

耶穌再次明確地告訴我們，只需瞬間的領悟，便能省下千年的光陰。這個觀念反覆出現於整部課程裡，我們也多次討論過。但這個觀念對於活在時空內的人類，是難以理解的，除非我們已和耶穌結合於神聖一刻內。在那神聖一刻，世界全面改觀，因為我們的經驗已經不再透過時空的濾鏡。時間一到聖靈手中，頓時失去它原有的意義，取而代之的是聖靈賦予它的愛的永恆內涵。

(8:1~2) 今天練習兩次，每次十五分鐘，試著擺脫你此刻所相信的每一條金科玉律。開放你的心靈，讓它安息吧！

這兩句話顯然在暗示我們的心靈已經關閉了，故在祈求耶穌幫助我們開啟心靈之前，得先承認這一事實。耶穌在〈教師指南〉明白點出，判斷乃是關閉心靈之門的頭號推手，故只要放下對自己與對他人的評判，心門當下便開啟了。也唯有如此，方能體驗到耶穌應許的平安而得享安息：

> 開放的心是伴隨不評判的修養而來的。當你評判人時，等於向那位聖師封閉了自己的心靈；而開放的心則會向祂敞開歡迎之門。定罪之心把上主之子判為邪

惡的人；而開放的心則讓上主的天音為上主之子辯
護。當你把罪咎投射到別人身上時，恨不得把他打入
地獄；而開放的心則讓基督的形相延伸到他身上。只
有開放的人才能享有平安，因為只有他們才會看到平
安的真正理由。（M-4.(十).1:2~6）

請相信，為了享此平安，一天練習兩次，每次投入十五分
鐘，絕對值得！

(8:3~4) 這狀似囚牢的世界，任何人只要不再執迷於它，便能脫
身而出。只要你撤回自己在它那卑微又無意義的獻禮上所賦予
的價值，上主的恩賜便能取而代之。

在接下來的三課裡，耶穌將會特別談到，我們那麼投入世
界，固然已經到了牢不可拔的地步，然而，囚禁我們的並非世
界、身體或自然法則，而是我們對它們的認同，如此才能維繫
心靈與小我的認同。故終究說來，真正的問題還不是我們與其
他人的**身體**認同，而是我們認同了分裂的**心靈**。這一點留待日
後再來詳細討論。

(9:1~3) 呼求你的天父吧！你放心，祂的天音必會答覆你的。祂
親自作了這一許諾。你每放棄一個錯誤的信念，放下你對自己
實相與愛之真諦的陰森幻覺時，祂就會親自在你心中播下真理
的火花。

「真理的火花」，是指聖靈的臨在，祂等著我們放棄自己

企圖遮掩真理的種種伎倆。而在放棄錯誤信念之前，我們還得先釐清自己究竟隱藏了什麼信念才行。於是，我們又回到此生的重要課題，也就是隨時隨地警覺內心冒出的特殊性和判斷的陰暗念頭，它們是如何百般掩蓋自己及他人善良的一面的。這種時候，只需仰望聖靈，陰暗的念頭就會消失於寬恕之光內，救贖的真相開始綻放曙光，自性的記憶也自然隨之甦醒。

(9:4~6) 今天，祂的光明會穿透你無謂的雜念，幫你了解愛的真相。祂會溫柔慈愛地與你同在，只要你允許祂的天音向你純淨而開放的心靈傳授愛的真諦。祂的聖愛必會祝福你今天的練習。

　　耶穌再次點出，我們心中充滿了無謂雜念而封閉了真理。既然是自己在心內塞滿了雜念，當然只有自己能夠清理。這時，若非耶穌伸出援手，我們是很難做到的；然而，沒有我們的求助，他也愛莫能助。故耶穌和我都在等待我這個心靈開始求助，牽起他慈愛的手，他才能幫助我掙脫小我的魔掌。《天恩詩集》有一首詩，描寫的正是「放棄小我禮物，接下耶穌禮物而同返天鄉」的過程：

　　　　你可願捨下世界給你的禮物？
　　　　你可願以卑微而無情的贈品
　　　　換取上主永恆的恩賜？

　　　　張開你的雙手，

把違逆自己神聖本性以及中傷聖子之舉

全都交託於我；……

透過我的慧眼，

看清自己所付的代價。

它確實不值，

安心交出吧！……

我如此樂於從你手中接下這些禮物，

安放於聖子祭壇，

那原是上主安置天恩之處。

這是我要給你的禮物，

當你學會恩待自己，

自會獻出你的痛苦，與我交換。

我向你祈求的，

唯獨這一禮物。

就在你獻出之際，

我方能翩然降臨，成為你救主。

上主的天恩就在我手中，

正等著給予

那些願意用世界換取天堂的人。

你只需呼求我的名字，

親手將你的苦難祭品

置於我的手心。

荊棘冠冕，由你額頭滑下，
手心的長釘悄然墜落，
大地的哀傷祭品
歡然化空，遠去。

我的手裡，
有你渴求一生的夢想，
有你在世上追逐的破舊童玩。
讓我為你撤銷這些人間兒戲，
它們便一逝不返。

在它們遺留的廢墟上，
你看到天門大開，光華四射，
因上主的聖名，
我們邁進一個嶄新的世界。

　　　　　　　——《天恩詩集 / 暫譯》

PP.118~119

(10) 你今天所學的一課會給你一種超時空的體驗，足以一筆勾消那仍在未來等候救恩的無盡歲月。今天，我們要由衷地感恩自己從此不再受制於那與過去同出一轍的未來。今天，我們要把過去拋於身後，不再留戀往昔的一切。我們著眼的是一個嶄新的現在，由它衍生而出的未來會與過去大相逕庭。

　　耶穌要我們放下過去、現在及未來，其實就是放下罪、咎、懼投下的陰影。只要開口向他求助，我們便在神聖一刻跳脫出線性時間和小我思想體系，再也不受世界法則的約束。他的慧見足以將我們從「有罪的過去、內疚的現在和可怕的未來」這一整套信念中徹底解放出來，讓清白無罪的聖子重生於神聖的當下一刻，把愛推恩到光明燦爛的未來。

(11:1) 剛剛誕生的世界，還在它的嬰兒期。

　　在《奇蹟課程》裡，耶穌經常使用「嬰兒」這個意象，可謂寓意深遠。他曾把救恩和神聖關係比擬為初生嬰兒（T-19.IV.三.9:3;10:4;T-22.I.7:3），也提到基督重生為一個小孩（W-182.10:1）。在本課，他把我們回歸天鄉的過程列入「嬰兒期」——渴望回歸的「初心」，猶如處在「嬰兒期」，必然飽受威脅，因為小我絕不會輕易放過此刻的我們。唯有亦步亦趨跟隨耶穌，這個新生兒才會日漸茁壯。我們小小的轉變願心，確實需要日復一日的練習來滋養，時時加強對新老師的信任，才不會被舊日的老師再度拐回。

(11:2~4) 我們將看著它健康地成長茁壯，它會祝福所有前來就教的人，他們也在學習捨棄那個存心與愛為敵而營造出來的仇恨世界。如今，他們與我們一起同獲自由了。如今，他們全是我在上主之愛內的弟兄。

　　是的，我們的心靈世界剛剛誕生，就像個容易擔驚受怕的

嬰兒，唯有學習釋放內在的恐懼，才能逐漸體驗到，與耶穌同在確實比從前那種孤單又分裂的日子更快樂更安心了，於是，這孩子便慢慢長大成人了。第一百八十二課「我願安靜片刻，回歸家園」，耶穌將嬰兒成長的意象發揮得更加淋漓盡致，我們等到那一課再來體會。

　　本段課文的最後兩句再度重申了一個觀念，只要與耶穌一起去做，就等於為所有弟兄而做，因為聖子只有一位。和耶穌在一起，便能超越小我之上，因為他就是那唯一聖子，所有的弟兄都在他內：

> 你只要與我結合，小我便無法從中作祟，因為我已徹底棄絕了小我，不可能與你的小我同流合污。因此，我們的結合便成了你棄絕小我的捷徑。我們共有的真相也非小我所能動搖。我們遲早會超越小我的，上主親自為我們作保；為了你我，也為了所有的人，我願分享這一信心。我要把上主的平安帶回給祂的兒女，因為我是為了所有的人而領受這一平安的。只要我們有志一同，必然所向無敵，因為沒有人抵擋得住上主的旨意。（T-8.V.4）

　　那個受盡恨的詛咒、古老而疲憊的世界，就這樣轉變為一個充滿祝福和愛的樂園了。

(12:1) 在這一整天裡，我們要記得他們，因為我們若想悟入自

性境界，就不能將自己的任何一部分遺棄在我們的愛之外。

　　今天試著深入覺察，你是如何把別人排除在外的──不論是形諸於外的，還是暗藏心中的。再提醒一次，耶穌從不著眼於行為層次，他在意的是我們內心企圖與特殊關係的愛恨對象分裂的念頭，才要求我們「在這一整天裡……要記得」這些渴望「同獲自由」的人。

(12:2) **每個小時至少想起與你一起踏上這段人生旅程的人三次，他也是來修你必修之課的。**

　　這個「人」，就是此刻吸引你的小我關注的那一位。可能是和你一起生活或工作的人，也可能是你猛然想起的某個人，他們大有可能就是你不願失去的特殊之愛，或避如蛇蠍的特殊之恨。無論是哪一者，任何一位都是供你操練的最佳對象。

　　到了最後，耶穌還要我們具體地向心中的特殊對象說出這一番話：

(12:3~5) **當你想到他時，請你由自性中傳給他這一信息：**

> **弟兄，我以上主的聖愛祝福你，我願與你共享此愛。**
> **因為我要學習這一喜悅的課程：除了上主的、你的、**
> **我的及每個人的愛以外，沒有其他的愛存在。**

　　即便是我們心中很想放棄的某一位，耶穌要我們向他傳達這個充滿喜悅與救恩的一體信息，因為他和上主及自己始終是

一體生命。經由這樣的具體練習，我們才可能從本課領悟到：
上主就是這無所不包的愛，而我們感到漠不相關的那些人，也
和我們同在這個愛內。

第一百二十八課

眼前的世界沒有我真正想要的東西

　　接下來的三課自成一個單元，先簡要分述之：本課標題「眼前的世界沒有我真正想要的東西」，乃是針對這個世界而發的；接下來第一百二十九課「我所渴望的世界，超乎塵世之上」，直接指向真實世界，但這得靠自己去選擇；而第一百三十課「我不可能同時看見兩個世界」，則重申我們必須在兩個世界之間作一選擇。

　　如果不先釐清**形式**和**內涵**的層次之別，很容易曲解本課的深意。無庸贅言，世界屬於**形式**層次，它是罪咎之念投射出來的陰影；而罪咎之念方屬**內涵**層次。倘若分不清這兩種層次，便看不出耶穌的用意所在，他其實是鼓勵我們放下心內的罪咎（內涵），因為那才是世界的禍源。一旦誤解了，我們會以為本課是在鼓吹苦修、犧牲，要求我們捨棄眼前的世界（形式）。如此一來，奇蹟學員很可能會為自己仍在眷戀紅塵而感

到內疚。故我再強調一次，本課程從不否定身體方面的需求，它只要我們放下對身體的種種觀點，因為那些觀點所勾出的，正是我們企圖繼續分裂的罪惡感。難怪小我如此看重這個世界，只因世界會幫我們守住自己的特殊身分；縱然這樣會加深罪惡感，但也無妨，反正我們會設法讓別人付出代價。當我們一段一段講解下去時，還會不斷聽到這個主題迴響於耳際。

(1:1~2) 眼前的世界無法給你所需的任何東西，沒有一物你能真正派上用場，也沒有任何一物能帶給你喜樂。你若相信這一觀念，將會免除你漫長的痛苦歲月，數不盡的失望，以及遲早會陷你於絕望的希望。

這是特殊關係的另一種描述方式：我們始終深信不疑，世上某些人或某些事物能夠滿足自己的需求，既能帶來快樂，還可以讓我們自我感覺良好，並且填補了心目中的缺失或匱乏感。果真如此，便不勞聖靈來填補內心真正失落之物（即基督自性的記憶）。由於我們拒絕了基督的生命，還把因拒絕而生起的罪惡感投射於外，才會不斷向外尋求解脫痛苦之道。殊不知，我們一旦將愛拒之門外，痛苦便成了不可避免的結果。也正因我們始終覺得世界擁有自己想要之物，才如此重視這個世界，影射出我們深信不疑自己就是這一具身體，某些需求若不得滿足，立即感到孤獨或遭受剝削，難怪我們會抱持著「世界是為了滿足我們的期望和需求而存在的」這種世界觀。

(1:3) 任何人若想出離世界，飛越它狹隘的視野與卑微的途

徑，他必須先接受今天這觀念的真實性。

　　言下之意，世界給你的禮物和耶穌的禮物相比，實在微不足道。這一觀點不斷出現於整部課程。在我們曾經引用過的《天恩詩集》之散文詩〈兩種禮物〉中，耶穌要我們看看自己多快就放棄上主聖愛的饗宴，卻寧可用桌上掉下的殘渣剩餚來果腹，這就是引言中「狹隘的視野與卑微的途徑」之意涵，指的就是小我的禮物。我們也舉示過〈頌禱〉中類似的觀念，耶穌要我們追求上主的整首天樂，而不要以聽到一個回音的音符為足（S-1.I.2:8~9）。在此，他再次鼓勵我們矚目於上主聖愛的體驗，別再珍惜世界所給的低級贗品了。

(2:1~2) 你在此所珍惜的每一樣東西，都成了將你束縛於人間的桎梏，這是它對你的唯一用處。因世上任何東西，只要你賦予它某種目的，它就會有某種作用；直到你能在它們身上看出其他目的為止。

　　可以說，「目的」這個觀念乃是了解本課的關鍵。世間萬物之所以對我們重要，是基於我們賦予了它某一目的。當我們認為某人某物或某個觀念對自己特別有吸引力，其實真正吸引我們的是內心的「咎」。因為這個咎不只證明我們真的犯下了「盜取個體生命的大罪」，連帶我們種種的想法或反應也都成了天經地義，而聖靈那一套則顯然與現實不符。這一證明，其實正是小我要我們達成的唯一目標，自然也成了我們活在人間的最高目的。

　　大部分的靈修學派都主張「罪孽深重的世界乃是所有問題的起源」，不幸的是，不少奇蹟學員相當認同這個觀念，而且還導出這樣一種結論：「若想找到幸福，必須捨棄紅塵。」其實，如果心靈不改初衷，繼續死抓著罪咎不放，那麼，不論捨棄了什麼，照樣是在奉行小我的任務。佛洛伊德的「症狀替代論」（symptom substitution）早已拆穿了這類行為模式的內幕。

(2:3~5) 這世界只有一個值得你心靈重視的目的，就是讓你在這原無指望的世界看到另一種希望，且讓你刻不容緩地穿越過去。不要再受它蒙蔽了。你眼前的世界沒有你真正想要的東西。

　　也就是說，我們活在時空世界只有一個目的，就是明白「時空世界根本不存在」，這和小我的初衷恰好背道而馳：

> 聖靈與小我的時間觀顯然南轅北轍。原因也十分明顯，因時間在雙方眼中具有截然相反的目的。在聖靈的詮釋之下，時間是為了解除你對時間的需求。因此，時間在祂心目中只有暫時的功能，純為祂的教學任務而設，最多只能算是一種方便法門而已。因此祂只會重視能夠延伸至永恆的時間，而「現在」可說是人間最貼近永恆的時間了。（T-13.IV.7:1~5）

　　由此可知，世界存在的唯一目的，僅僅只是為我們提供了選擇「神聖一刻」的機會而已；就在「不」選擇小我體系的**當**

下，我們必會聽到上主的天音的。這表示我們跨越了小我設下的第一道防線，即世界與身體，並且明白了萬物的價值和眼前狀態毫無瓜葛，只與心內的罪咎息息相關。唯有跨越形相世界這道防線，我們才有機會赤裸裸地面對心內的罪咎——這是小我的第二道防線。小我這道防線的主要目的，是為了保護自己的個體價值，但推到究竟，則是為了抵制上主的愛。

確切而言，我們所祈求耶穌的，不在於請他幫助我們捨棄對某人某物的依戀或執著，而是請他幫助我們理解這些關係背後隱藏的目的。耶穌兩度鄭重點醒，聖靈不會奪走我們的特殊關係，只是把它們原有的目的由罪咎轉向愛而已：

> 聖靈深知沒有一個人是特殊的。但祂也非常清楚你打造的特殊關係是怎麼一回事，祂會幫你淨化這一關係，不容你糟蹋。不論你那些特殊關係是基於什麼「不神聖」的理由，祂都能在你允許的範圍內消除你的恐懼，將它轉譯為神聖的關係。不妨把所有的關係都交到祂手裡，只要你表明自己願意奉行祂的旨意，你放心，這些關係絕不會為你帶來任何苦果的。人際關係若交給你來處理，只會孳生罪咎。若交給聖靈發揮其用，則會帶給你世上所有的愛。因此，不要害怕放下自己心中的需求，它們只會糟蹋你的人際關係。唯有聖靈的需求才是你唯一的需求。（T-15.V.5）

我再三強調過，聖靈不會奪走你的特殊關係，祂只會

> 加以昇華。也就是說，聖靈會恢復上主所賦予那些關
> 係的原有功能。至於你所賦予那些關係的任務，絕不
> 會是為了別人的幸福。神聖關係既以上主的目的為己
> 任，是不會用其他目的取而代之的。（T-17.IV.2:3~6）

唯有了解這兩段引言的深意，才可能真正明白本課的主旨。再說一次，耶穌無意要我們放棄或改變目前的生活形態，他只想幫助我們轉換自己賦予這些事物的目的。不消說，它們全是小我壯大自己思想體系的手段而已，但只要交託給耶穌，整個心態必會幡然轉變。〈練習手冊〉第二百九十四課明明白白指出，身體是中性的，因為它的存在純粹是為了滿全心靈的願望。故只需看看我們重視身體的程度，便知道自己究竟選擇了哪一套思想體系了。

(3:1) 只要你還想在世上尋找救恩，你的心靈就會受困於此；今天，由這桎梏中脫身吧！

這句話的關鍵字是「**你**」，指涉的正是心內的抉擇者，是它決定用世界來囚禁自己的。但也請留意，真正的枷鎖絕非人間的特殊關係，而是心靈想要打造種種特殊關係的這個選擇，直截了當說，就是我們存心鞏固個體價值的這個決定。正因如此，如果想要解開枷鎖，只能等待抉擇者回心轉意，重新選擇救恩的自由來取代罪咎的束縛。

(3:2) 因為你珍惜什麼，它就會成為你心目中的自己的一部分。

　　想要理解這句話的深意，身體可說是最好的指標。我們這麼重視身體，是因為它實在太具體了，不僅能為潛意識的罪咎提供最佳投射板，還能一筆抹滅我們對靈性的記憶，更別說覺於基督了。難怪身體對我們如此重要，而且我們愈重視它，就會變得愈來愈像它。也就是說，我們重視什麼，就會變成什麼。這讓我想起六〇年代普遍流行的一句話：「你吃什麼，就成了什麼。」（You are what you eat）當你珍視某一物且賦予它原本沒有的意義時，你就變成了那個意義。〈教師指南〉有一段話恰好呼應了這一原理：

> 你把身體作何用途，它就變成了你，這是最關鍵的一課。你若用身體來犯罪，或攻擊（兩者都與罪無異），你就會視它為有罪之身。因為罪孽深重的，必然脆弱不堪；因為脆弱不堪，它註定受苦，最後必然難逃一死。你若能藉助身體而把上主聖言傳給尚未領受的人，身體就被聖化了。它既是神聖的，便不可能生病，更不可能死亡。（M-12.5:1~5）

　　換言之，心靈會作出什麼樣的決定，完全取決於它重視的究竟是聖靈或小我的思想體系。

(3:3) 凡是讓你恃物以自重的一切，只會加深你的束縛而看不清自己的價值，在你邁向覺悟自性的路上，平添重重障礙。

　　「重重障礙」，指的正是前文已經討論過的小我「遺忘」

機制（W-136.5:2）。我們把世界和身體當作盾牌，防範罪咎侵擾內心，結果把自己逼成名副其實的「失心瘋」；一旦失心，抉擇者再也沒有改變心意的可能了。這是真的，只要我們看重世上任何一物，視它為有益或有害也好，視它為問題的元兇或是問題的解答也罷，這類信念全都鞏固了通往真理的最後一道障礙。我們一旦把世界當真，等於切斷了自己的後路，再也難以回到心內來看清問題的真相了。

(4) 不要讓任何與身體相關的念頭延誤了你的救恩，別再相信世界擁有你想要的東西，更別讓這誘惑耽擱你的前程。這兒沒有值得你珍惜之物。這兒沒有任何東西值得你流連片刻，值得你繼續承受片刻之苦、片刻的彷徨及迷惑。本身毫無價值之物是不可能給你任何價值的。你無法在無價值之物中找到經久不變的價值。

　　我們一再讀到「世間萬物毫無價值」的說法，事實上，何止是萬物，世界本身即是徹底的虛無，因它只是人心虛無一念的投影而已。請記住，小我那一套思維全是它自行捏造出來的，肇始於小小瘋狂一念，而我們竟然信以為真，因而拒絕接受足以破解它那虛無本質的聖靈正見。為了保護小我的信念，我們設下一道又一道的防線。不消說，這些防護機制最後都是白忙一場，因為不只它們本身純屬「莫須有」，連抵制的對象也根本不存在。唯有看透箇中玄虛，我們才會心甘情願放棄這個骨子裡毫無價值的世界。耶穌再次提醒我們，只要跨過這座

橋樑，幸福會在另一端的真實世界迎接我們：

> 你會驚訝不已，原來只需放棄虛無，便能獲得這一
> 切。（T-16.VI.11:4）

　　重要的是，切莫為自己的身體觀而內疚；不論我們對身體
的看法是正面、神聖、健康的，還是邪惡、醜陋、有罪的，全
都無關緊要。說到底，只要活在人間，我們對身體不可能不持
有某種立場的，然而，只要找對了老師，他就會教導我們如何
以不同的眼光看待它們。耶穌曾經這樣安慰我們，小我那些陰
暗的念頭不過是我們與生俱來的包袱，實在無需大驚小怪。

> ……拒絕四周魅影的干擾〔發個小小願心〕。這才是
> 你來到世上的功課。如果你這一生不需經歷那些魅影
> 的糾纏，表示你也無需神聖一刻。（T-18.IV.2:4~6）

　　另外在〈教師指南〉，耶穌同樣溫柔地叮囑我們，此生的
任務並非完全擺脫這些限制，只要不再為自己的判斷罪上加罪
即可：

> 因此，不要為生活中的種種束縛而感到沮喪。你的任
> 務乃是擺脫束縛，而不是逃避束縛。（M-26.4:1~2）

　　耶穌要我們明白，縱然我們經常為身體掛慮或對他人形象
有所批判，他仍能將之轉變為教學工具，讓我們看到自己「心
內」其實很想要「心外」這些問題，如此才能理直氣壯地向外
尋找解決方案。而最能分散我們注意力的莫過於身體方面的執

著，自然無暇往心內去看問題，只因自己的罪咎已經轉移到他人身上了。終有一天，我們會豁然明白，問題不在於種種身體觀，也與外在的誘惑無關，真正需要化解的，其實是小我存心加深我們內疚的這一陰謀，也就是我們心中冒出的那些雜念，它們全都在為小我的目的撐腰。

(5:1~2) 今天，我們要練習放下自己賦予世界價值的一切念頭。撤回我們對世間各部分、各階段之夢境所賦予的任何目的。

　　耶穌再次強調，真正的問題出於我們「自己賦予世界價值」；最終還是要證明自己的看法是正確的、耶穌那一套說法是錯的。

　　請留意，耶穌偶爾會用「**部分**」（aspects）來指涉聖子奧體各個不同的部分。例如他在〈正文〉論及「療癒的整體性」時，曾這麼說：

　　它還會推恩於聖子奧體的每一部分，且使他們彼此相通。（T-13.VI.6:4）

接下來論及「特殊關係」時，他又說：

　　你若企圖由整體抽離出某一部分，寄望他們滿全你心目中的需求，就等於企圖用分裂來拯救自己。（T-15.V.2:3）

　　為此之故，狀似互不相屬的碎片，其實是聖子奧體不可或

缺的一部分。耶穌在本課幾乎把世間形形色色的經驗都包羅在內了，例如我們對人（包括自己或他人的身體，或身體某一部分）所賦予的價值，還有對食物用品的價值，乃至萬事萬物，不論它們給我們帶來的是快樂或痛苦。再提醒一次，耶穌並非要我們放棄這些世俗之物，而只需放下我們賦予它們的目的就行了，也唯有如此，世界才會擁有自由去接納其他目的。我們繼續讀下去：

(5:3~4) 撤銷它在我們心中的任何目的，放掉我們以前對它的一切期望。如此，我們等於解開了那阻礙我們由世界解脫的種種桎梏，超越了它所有微不足道的價值及目標。

我們一旦撤回自己賦予世界的目的，世界的存在就失去了目的，如此，聖靈的目的才會有落腳的餘地。比方說，充滿特殊關係的世界，搖身一變，成了我們學習寬恕的教室。學習的過程中，我們外在或許沒有任何改變，但世間對我們的束縛卻自然而然鬆脫了。**我們**什麼也沒有做！這乃是關鍵所在。

(6:1) 讓自己靜止片刻吧！看看你一旦解開心靈的桎梏而任它回歸自己的本來境界時，你究竟能超乎塵外多遠。

這兒的「**你**」，當然仍是指抉擇者，意味著它已放下小我的罪咎而選擇了聖靈的寬恕。心靈掙脫了抉擇者從前囚禁它的枷鎖，終於重獲自由，開始追尋回家的路；而聖靈所在的正念心境，不只是我們的安息之所，也是引領我們回家的墊腳石。

本段的首句「靜止片刻」（be still），是借用《聖經》〈詩篇〉第46篇，也是耶穌常常引用的一句話。下面這段〈正文〉再度重申了「目的」的重要性，我們若真想提升到世界之上，就得在心內為聖靈騰出一個空間，祂的救贖才能浮現於我們的意識中：

> 且讓我們安靜片刻，忘卻所學的一切，放下一切念頭，以及我們對萬物的意義及目的所懷的種種成見。別再執著自己舊有的世界觀了。我們什麼都不知道。讓我們釋放我們心目中對每一個人所執著的形相，讓那一切過去吧！（T-31.I.12）

(6:2~5) 它會感激你給它的片刻自由。它知道那才是它的歸宿。你一解開它的翅膀，它就會振翅高飛，充滿信心與喜悅地飛向它神聖的目的地。讓它安息於造物主內吧！在那兒它才能恢復清明的神智，回歸自由與愛。

　　請記得，我們對生命的源頭（造物主）的記憶始終留守在正念心境，耶穌一直在那兒耐心等候我們來臨。然而，若真想安息於他的愛內，首先得撤除內心對罪咎的投注，這意味著決心釋放自己對世界的投注。為此，我們真的很需要耶穌的提醒，才可能看破世間紛紜萬象背後隱藏的那個目的。也因此，我們若想擺脫人間的煩惱痛苦，首要之務，就是借用耶穌的眼光重新去看。我們不必改變世界，甚至無需改變自己的外在表現，唯一需要改變的是自己的目光，也就是把「看」的目的從

罪咎轉為寬恕，我們的心靈便會恢復清明、自由、喜悅，而且充滿愛心。

(7:1~3) **今天，讓心靈〔抉擇者〕安息三次，每次十分鐘。當你的眼睛再度睜開時，你就不會像以前那樣重視眼前的一切了。每當你的心靈擺脫桎梏一次，你的整個世界觀也會隨之轉變一點。**

　　再重申一次，需要改變的，既非世界，也不是我們的外在表現，而完全在於改變自己的看法；視角一經改變，心態必會隨之轉變，因為我們不再把世界看得那麼重要了。這一課的要旨，在整部課程屢見不鮮，要我們每一天中拿出一段時間與耶穌靜靜地同在，沉思當天的教誨，然後把感受到的愛和平安帶回世界，繼續在人間互動。只要每天按部就班地操練，浸潤日久，內心自然潛移默化，因為我們知道有一位新老師會幫助我們重新詮釋今天發生的每一件事。這種知見或心態上的變化，乃是導向真實世界的橋樑，請看下面這段引言：

> 從真相的角度來看，橋樑只代表了一種過渡階段。你在此岸所見的一切，都極盡扭曲之能事而徹底失真了。原本微不足道的被誇大了，原本真實有力的，卻被貶成渺小卑微。……那個思想座標就是繞著特殊關係而建立的。這個幻相一除，你就再也不會想在這兒追尋你心目中的意義了。（T-16.VI.7:1~3,6~7）

可以說，這是最溫柔的靈修法門了，因為它並不要求我們放棄世間所有的特殊關係，只要我們改換視角，從小我的罪咎轉向耶穌的寬恕就足夠了。

(7:4) 世界不是你心靈的歸宿。

如今，我們關注的焦點已慢慢從世界抽離，逐漸轉向心內，我們會在那兒找到聖靈的「修正」。可還記得耶穌對海倫的嚴正告誡：

> 你過於放縱自己雜念紛飛，任憑心靈妄自造作。
> （T-2.VI.4:6）

無可否認，我們的確縱容心思終日盤旋於世間俗務。縱然它們全是妄念的投影，我們卻認定它們是問題的癥結，硬要搞個水落石出，這麼一來，我們的焦點必會轉向有形的身體，而且認定那就是我自己。要知道，身心的需求往往是刻不容緩的，老是等著其他身體來滿足；為此之故，耶穌要我們記得退後一步，與他一起誠實地正視自己的心念與形體，學習以新的眼光去面對這個由身心構成的世界。

(7:5~8) 你的心靈所在之處，才是你的歸宿；你一卸下塵俗之累，它便能安息其中。你的神聖嚮導屹立不搖。向祂開啟你的心扉吧。你可以靜下心來安息了。

短短一小段，耶穌無比溫柔地勸勉我們：你並不受制於身體，你屬於心靈管轄；心靈才是夢境中唯一足以反映天堂真相

的安息之地。如果我們能將他話中的深意套用在生活上，那就是說，今天，每當我們被種種挑戰搞得心煩意亂時，要盡快意識到自己又在賦予世間某事某物特殊價值了；而這些情緒的最終目的是要強化我們的特殊性和個體價值，藉此證明自己是對的、耶穌是錯的。一旦意識到自己又在為小我撐腰了，立即回到內心那寧靜的安息之地，向耶穌求助：「請幫助我以不同的眼光來看這一件事。」即使持續不到「十分鐘」，幾秒鐘也行。這是耶穌最基本的要求，也是最後一段的主旨：

(8) 此外，在這一天內，你也要好好護守自己的起心動念。你一旦看到自己開始在意世間的某些觀點或外在表相時，即刻抵制它對你心靈的束縛，只是平靜而肯定地告訴自己：

> **我不願受此誘惑而延誤自己的前程。**
> **眼前的世界沒有我真正想要的東西。**

這一段的「**你**」，同樣是指抉擇者。我們為了鞏固自己的個體性，不惜用罪咎把心靈囚禁起來；而內心也因此生起罪咎感，不得不投射於外，我們才會如此看重世間發生的每一件事。綜結而言，本課與前面的練習毫無二致，都在強調：若非時時刻刻而且日復一日地運用出來，而只是有口無心地背誦這些文句，就算耶穌如此語重心長，對我們的現實生活也產生不了任何作用。

第一百二十九課

我所渴望的世界，超乎塵世之上

　　如前一課所言，得以「超乎塵世」的世界，指的就是真實世界，亦即真理所在的正念之境。耶穌在此鼓勵我們發揮心靈抉擇力，在充滿罪咎與恨的陰森小我和反映聖愛的救贖光明兩種世界之間作一選擇。

(1:1~2) 今天的主題將繼續發揮昨天練習的觀念。你不可能只停留在世界毫無價值的觀念上，除非你能從中看見另一種希望，否則它會使你陷於消沉。

　　只說「世界毫無價值」是不管用的。上面這段話本身就包含了下一步：「和耶穌同在，以他的眼光去看」，因為我們也可能選擇其他老師。倘若透過小我的眼睛去看世界，是不可能不沮喪的，最後若非傷人就是傷己。下面這段引言透露了，即使「世界毫無價值」是個事實，但小我卻可能歸納出錯誤的結論，那是天大不幸的事：

人間〔世界〕的道路只會將你導向失望、虛無與死
亡。……世界所提供的道路固然多得難以盡數，但
終有一天人們會看清它們根本就如出一轍。看清這一
點，等於經歷一次死亡，因為除了世界所提供的途
徑以外，他們看不到其他出路。他們終於明白所有的
路最後都是一場空，所有的希望終究破滅了。然而，
這一刻反而成了他們接受最偉大的人生課題的良機。
所有的人都必須陷入此一絕境才得以超越過去。在世
上，你真的沒有選擇的餘地。然而，這不是這一課題
的主旨。這個課題有它的目的，你會在那目的中明白
它的真正宗旨。……那個目的才是你所追尋的答案，
它是所有仍在苦苦追尋另一答案之人的福音。鼓起勇
氣吧！你現在就能接受你不可能在世上找到答案這個
事實，……也別再往毫無希望之處尋找希望了。現在
就好好地學習，明白自己若不放下過去的經驗而從頭
學起，你只會虛度此生。這一課會將你由目前的人生
谷底推向幸福的高原；到了那兒，你便會對這一課題
的目的一目了然，而且明白這是你能力所及的。（T-
31.IV.2:3;3:3~10;4:2~3,6~8）

與此同時，如果能透過耶穌的眼睛去看世間一切，那麼，
不論是個人的或集體事件，就都能一笑置之了。缺少了他愛的
眼光，我們是笑不出來的。唯有在他的陪同下，我們才能夠真

正快樂地矚目那超乎塵世的世界。

(1:3~4) 我們的重點不在於放棄世界，而是用它來換取一個令人更滿意、洋溢著喜悅，且讓你活得心安理得的世界。你不妨想一想，眼前的世界可能帶給你這一切嗎？

　　耶穌要我們放棄的，並非有形有相的物質世界，而是存於我們心念裡的世界。由此可知，上面引言所謂「換取」，即是把打造出世界的小我之念（即特殊性與罪咎），換為聖靈的寬恕及愛之念；這正是真實世界的立足之地。耶穌在此反問我們：「你真的相信世界能夠滿足你所渴望的喜悅與平安嗎？」要知道，那是他的世界才能給出的禮物。

(2:1~2) 也許你值得多花一點時間再次想一想這個世界的價值。如此你才會承認，捨棄你賦予此世所有的價值觀念，也許根本算不上一種損失。

　　耶穌終於給予我們一點肯定：如今，我們總算意識到世界對我們毫無價值了。

(2:3~6) 你眼前的世界其實相當不仁，它變化不定、殘酷無情、對你漠不關心、因果不爽且處處與你為敵。它的給予都是有代價的，凡是你珍惜的，它都會索回。你找不到持久的愛，因為世間沒有這種愛。這個在時間中形成的世界，遲早會在時間中結束。

　　好好深思本段的最後一句話，對我們會有莫大的幫助，因為奇蹟學員常常誤解耶穌的說法，比如「你眼前的世界……殘酷無情」，它絕不是說世界本身殘酷無情，而是指我們對世界的認定。顯然的，最後這一句是針對知見世界與時空世界而說的。**世間萬物**終將滅亡消失，只因世上沒有永恆之物。不論外表看起來多麼美好，無一能夠持久，故說「這個在時間中形成的世界，遲早會在時間中結束」。這類說法在《奇蹟課程》屢見不鮮：凡屬形相、身體而且變化無常的有形世界終歸消逝。我再舉一段饒富詩意的描述，雖然先前已經引用過，值得再讀一次：

> 看似永恆的宇宙萬象，終有結束之日。星辰將消逝，日夜不復存在。潮汐消長，四季循環，還有生來死去的生命，以及所有隨時間而推移的萬物，從此一逝不返。時間的盡頭，並非永恆的起點。不論人們把上主之子當成什麼，他的真相永遠不變。他過去如何，現在仍是如此，未來依然如此，因時間操控不了他的命運，更敲定不了他生死的時辰。（T-29.VI.2:7~12）

　　可以說，《奇蹟課程》對世界最大的貢獻，即是解除世界對真假、對錯、生死，心靈和物質，以及愛與恨的種種幻覺和妄念：

> 你當初就是因為不想解決問題而造出世界的。（T-31.IV.2:6）

　　縱然我們企圖用美善的念頭或真理及愛的知見來掩飾心裡的痛苦，最終仍逃離不了罪咎的魔掌。反之，只有寬恕才能真正擺脫它們的糾纏，將我們領回超乎時空及形相且充滿美善和愛的真理之境；而真實世界就是它的倒影，也是我們回歸天堂與自性的最後一關。

(3:1) 你若找到另一種世界，它既不可能失落，愛又永存其間，仇恨無處容身，也無報應的觀念，這豈能算是一種損失？

　　「另一種世界」仍是指真實世界，它不是一個地方，只可能存在於全然療癒的心念中。當我們義無反顧地選擇了聖靈的思想體系，決心與反映永恆聖愛的救贖原則認同，心靈便已痊癒。那充斥分裂、罪咎、恐懼、痛苦、仇恨和死亡的小我思想體系，也頓時失據，因它再也得不到我們的認可及支持了。我們的心靈一旦認同了上主的愛，小我只能悄然隱退，怨恨、報復、無情與痛苦也隨之煙消雲散。

(3:2) 你若能找到自己真正想要的一切，並知道它們不會轉眼即逝，永遠保持著你所願的樣子，這豈能算是一種損失？

　　耶穌在此好似說：「只要看看我為你帶來的永恆恩賜，你怎麼可能失去任何東西！」話說回來，我們若一味認同身體，渴望特殊性，那麼，放棄紅塵世界便無異於犧牲與失落。為此之故，我們才亟需一位明師隨時提醒「另一條路」。下面這首海倫的詩〈天堂禮物〉，是她那面刻有聖靈圖像的聖牌被偷

時寫給我的。這首詩甜美而動人地傳達了耶穌給所有人的救贖
信息：沒有人會失落任何東西的。我在前面曾引用過當中一小
段，但它實在太美了，值得再讀一次全詩：

　　　　誰能從無限中竊取分毫？
　　　　稍有閃失，眾天使翩然展翅，
　　　　迅如閃電，彌合了那一空隙，
　　　　宛如幻相，尚未發生，便已解除。

　　　　誰能從一切中竊取分毫？
　　　　它無所不包，註定圓滿，
　　　　一無所缺，永恆如是；
　　　　還未失落，便已修復。

　　　　誰能將聖愛減損分毫？
　　　　愛，即是偉大修復之神。
　　　　愛之所出，必歸於愛；
　　　　無窮無盡，無瑕無損。

　　　　天堂只知給予，
　　　　這是永恆不失的標誌。
　　　　稍有失落之虞，天使頃刻而至；
　　　　如其許諾，將天堂原璧奉還於你。

　　　　　　　　　　　　——《天恩詩集／暫譯》P.80

(3:3) 連這些特質〔真實世界的禮物〕，最後都會被一種超乎言

詮的境界所取代；因你由此前往之境，言語道斷，化為一種無語無聲的寂靜，你卻全然了知於心。

　　本課論及三種世界：**小我的世界**，殘酷無情且變化莫測；**真實世界**，純粹是為了修正小我世界而存在，它所賦予萬物的愛反映出天堂聖愛，為上主的最後一步搭起橋樑，上主自會由天而降，將我們提升到**天堂**（C-4.8:3）。雖然耶穌說那是一個「言語道斷」的境界，但他在〈正文〉「千古不易的安居之所」那一節中，仍為我們描述了天堂境界的平安與寧靜之美：

> 你心內有個地方，已把整個世界遺忘，沒有一絲罪的記憶與幻相的痕跡。你心內有個地方，時間早已一逝不返，你只會在那兒聽到永恆的迴響。那是你的安息之所，如此寂靜，只有天父及聖子的歡悅歌聲響遍天堂。那也是祂們的安居之所，你只能在此憶起祂們。祂們所在之處，亦是平安所在的天堂。
>
> 不要以為你能改變祂們的居所。你真正的「身分」就在祂們內；祂們所在之地，也是你永在之處。天堂的千古不易就在你內，如此之深，即使整個世界擦肩而過，也激不起任何漣漪，留不下一絲痕跡。寂靜無邊的平安，溫柔地環抱著你，如此堅定，如此寧靜，安歇於造物主的懷裡，從此再也沒有一物侵擾得到安息祂內的聖子了。（T-29.V.1~2）

　　從修行的角度來說，我們必須按部就班地由「小我世界」進入「真實世界」，然後升至「天堂境界」。但如果從實相的境地來看，既沒有先後次序之別，也沒有三種世界可言。可記得，這是一趟「當下即至的旅程」（T-8.VI.9:7），我們既不曾離開過那無所不在之境，哪有「旅程」可言？

(4:1~3) 那種溝通，毫不曖昧隱晦，朗如光天化日，綿延無盡，且永恆如是。上主親自向祂的聖子發言，一如聖子向上主發言。祂們的言語無需文字，因祂們所說的一切不落言詮，也不待象徵。

　　「那種溝通」的境界，〈頌禱〉一開篇曾將它描繪為天父與聖子相互吟唱的仙樂（S-1.in.1:1~3）。這首仙樂無需音符、音程、和聲、聲部或曲調，全然超乎形式，如實呈現天堂完美的一體之境以及超乎言詮的聖愛。人間沒有任何象徵足以傳達那種境界：

> 正如虛無無法入畫，本體境界也無可象徵。你不可能透過形相、圖樣或靠親眼目睹而了解真相。……迎向那超越寬恕、超越象徵與有限世界的大能吧！祂只願如此，故祂必然如此。（T-27.III.5:1~2;7:8~9）

(4:4~6) 祂們的真知如此直接，完全共用，渾然一體。仍受世界羈絆的你，離此境界何其遙遠。然而，當你開始用塵世來換取自己真心想要的世界時，它又近在咫尺。

　　在天堂的圓滿一體之境，沒有個體生命可言。然而，我們是不可能由身體層次直接跳回天鄉的，其間少不得由身體的形相世界昇至心靈的真實世界這一過程。中間這一環的功課，無非就是面對心內的罪咎——只需意識到它是自己編造的，它當下便銷聲匿跡了。罪咎一除，剩下的，唯有正念之愛，那就是真實世界。換言之，我們必須先寬恕弟兄，明白他原是自己生命的一部分，天堂之門便為我們開啟了。

> 寬恕過去，讓它過去吧！因它已經過去了。如此，你便不會陷在兩個世界的夾縫中。你已經越過此境，且抵達那緊貼著天堂大門的世界了。上主的旨意在此暢行無阻，你再也不必重複那早已結束的旅程。溫柔地望著你的弟兄，看吧！你怨恨之眼所見的世界終於轉化為愛的世界了。（T-26.V.14）

(5:1~2) 如今，最後一步踏得如此篤定；如今，你離超時空之境也只有剎那之隔了。在此，你只可能向前瞻望，再也不會回頭返顧那原非你想要的世界了。

　　究竟而言，我們是不可能「回頭返顧」的，因為世界一旦得不到我們的認同，便已不復存在。而且，一旦從夢中醒來，完全不會留下任何記憶，因為覺醒並非理性知識，而是心靈的覺知，它只是純然地「知道」分裂不曾發生過。這不就意味著世界也不曾存在嗎？故還有什麼好回憶的：

當上主的記憶在神聖的寬恕之境浮現於你心中，你就再也記不得其他事物了；記憶便與學習一般失去了作用，此後，你的生命只有一個目的，就是創造。但除非所有的知見都被洗滌淨化、徹底清除，你才可能真正知道生存的目的。寬恕只會撤銷本來就不真實之物，消除了世界的陰影，溫柔無比又萬無一失地把它保送到光明世界，那兒只有嶄新且純淨的新知見。如今，你終於找到存在的目的了。平安就在那兒等候著你。（T-18.IX.14）

唯有寬恕，才清除得了我們企圖遮蔽愛的種種障礙（T-in.1:7），於是，心中只剩下上主的平安，上主當下便會踏出最後一步，用祂的平安取代一切，這也表示我們跨越了真實世界的最後一道關卡，終於由夢境徹底覺醒過來了。

(5:3~5) **此地有個世界即將取代它的位置，只要你肯放下世間有意束縛你心靈的卑微事物。你一旦不再重視它們，它們就會銷聲匿跡的。你一看重它們，它們對你便會顯得真實無比。**

請記得，不論我們在世間看到什麼，不過是內心分裂及罪咎之念的倒影罷了；因此我們需要擺脫的也僅止於這些虛妄之念，就等著抉擇者下定決心和耶穌一起面對小我，而且跟耶穌說：「我犯了一個錯誤，如今我決定放下個體生命的思維，只要你的愛。從此，我不再需要世界來維護我的特殊身分而無視於心靈的存在了。」

　　然而，也請記得，小我打造世界的目的就是陷我們於失心狀態，故它必會不斷製造恐懼來防止我們回心轉意另覓明師。直到有一天，我們不再害怕上主的愛，而且珍惜祂的愛甚於小我的特殊性時，自然就不會企圖迴避心靈了。如此，心靈便能自由選擇聖靈，亦步亦趨地跟隨祂返回天鄉，那時，我們根本不需要世界，因為我們再也沒有失心的必要了。

　　總之，我們要擺脫的並非紅塵世俗，而只需把心靈從「咎」裡頭解放出來，因為世界存在的目的就是保住這個「咎」。心靈一旦掙脫罪咎的虛無束縛，便能了無牽掛地投靠聖靈，聖靈自會滿心歡喜地帶領我們跨過真實世界的橋樑，抵達真善美之境：

> 罪咎的傑作通常十分醜陋、可怕而且危機四伏。別再著眼於那些真善美的幻相了。你該慶幸真善美仍在另一處等候著你。快樂地迎向前吧！你便會發現有這麼多的恩賜只等著你這單純的一願，甘心放下虛無，因它真的空虛無比。（T-16.VI.10:4~7）

(6:1~2) 這就是你的抉擇所在。你若決心不再重視虛無之物，對你有何損失？

　　耶穌再次向我們保證，放棄虛無之物，我們不會損失任何東西的。問題是，犧牲與損失一向是小我思想體系的基本動力──我必須放棄某些東西，才能換取某些回報；我若想擁有

生存所需的特殊性，就得為此付出代價；我既然盜取了上主的生命，若要得到祂的救贖就必須做些補償才行。此外，小我還不時嚇阻我們：「你若與耶穌為伍，必然得不償失的。」為此之故，耶穌才如此苦口婆心地傳授我們另一種思維邏輯：

> 需要相當的修持才可能明白並接受「世界不能給人任何東西」這一事實。「犧牲虛無」的說法究竟有何意義？它不可能意味你會因此而「擁有更少」。在世俗的認知下，沒有一種犧牲不涉及你的身體層次。你不妨反思一下，人間所謂的犧牲指的究竟是什麼？權力、名位、金錢、生理的欲樂，哪一樣不屬於所謂的「夢中英雄」？它們除了對身體有價值以外，還有什麼意義？然而，身體本身沒有評估價值的能力。是心靈為了得到這些東西，不惜與身體沆瀣一氣，存心蒙蔽自己的真實身分而模糊了它的真相。

> 人心一旦產生這種混淆，就再也無法認清「世上所有的欲樂都虛幻得很」這一事實了。這究竟會帶給人多大的犧牲？那犧牲可大了！從此，心靈開始詛咒自己求而不得，永遠無法活得心滿意足，最後連自己真正想要找什麼都搞不清了。（M-13.2:1~3:3）

　　順便一提，上述引言列出的四種世俗價值，是套用佛洛伊德《精神分析引論》書中那句名言：「藝術家的創作動力全都來自榮譽、權力、金錢、名聲，以及對女性的愛欲。」

　　我們終會明白，放棄小我分裂且痛苦的人生，轉而選擇聖靈的真實世界，不僅沒有損失，還能恢復自己的真實身分，並且恍然大悟，那正是自己在瘋狂一刻誤以為失落的生命真相。

> 上主之師，切莫忘了犧牲的意義，並且記住，你所作的每一個決定不會不牽涉某種代價的。你若選擇上主，這一切對你都成了平白的恩賜。你若決定背棄上主，就等於選擇虛無，那麼，你就會喪失所有的覺知力。（M-13.8:1~3）

(6:3~5) 這世界沒有你真正想要之物，你的另一選擇才是你真心之所願。祝你今天就能如願以償。它正等著你選擇，才好前來取代你苦心追求卻非真心想要的一切。

　　耶穌再次呼求我們的清明神智作出正確的選擇。其實，只要在兩種選擇之間稍微權衡輕重，就知道，那根本稱不上是一種選擇：

> 上主的教師已經能夠毫無遺憾地捨棄人間的欲樂了。捨棄痛苦豈能算是一種犧牲？成人豈會因為放棄童玩而惱怒不已？已能看清基督聖容的人，豈會留戀人間這座屠宰場？已由生老病死的世界解脫出來的人，也不會回頭去詛咒世界的。……凡是神智清明的人，誰會選擇虛無而放棄一切萬有？（M-13.4:1~5,10）

(7:1) 今天，早晚各練習十分鐘，中間再加練一次，鞏固你有

意改變的心願。

　　表面看來，耶穌好似建議一天練習三十分鐘就夠了；其實我們很清楚，耶穌希望我們一天之中隨時隨地想起自己真正渴望的，尤其在逐漸淡忘之際。

(7:2~4) 開始時，不妨這樣說：

> **我所渴望的世界，超乎塵世之上。我決心著眼於那個世界，而非這個世界，因為此地沒有我真正想要的東西。**

　　老實說，我們若捨不下自己的特殊性，是不可能真心說出上面這幾句話的。請注意，千萬別對自己的口是心非掉以輕心，否則它們只是空話，根本就形同虛設，不但沒有任何效果，你甚至會認為自己已經盡力了，還怨怪耶穌和他的課程不靈！因此，耶穌要我們從實招供：「我確實很看重自己的個體性及特殊性，我需要證明自己是對的，這遠比上主之愛更重要。」如此坦然承認，我們才有機會作出另一種有意義的選擇。下面這段引言再度告訴我們，想讓世界來滿足自己的需求，無疑是癡人說夢：

> 若非看透了世間的路最後都是一場空，有誰甘心放棄？他若想另闢蹊徑，必須先有這番領悟。他若仍在無可選擇之境東挑西選，豈能算是善用選擇能力？他得先學會在真有選擇餘地之處下手，才算發揮了最大

的選擇能力。他若只能在無可選擇之境選擇，這種決定豈能產生任何力量？（T-31.IV.5）

我們只需把上述兩種選項並列於眼前，選擇就變得輕而易舉了。

下面這段描述更是詩意盎然：

(7:5) 然後閉起眼睛，不再著眼於眼前世界；在寧靜的黑暗中，你會看到一種超乎塵世的光明，一個一個地亮起，直到它們不再明滅閃爍而融為一個光明為止。

是的，只要鍥而不捨地練習下去，我們就會在別人身上看到這個光明，但它並非有形之光，只是我們內心之光的象徵而已。只要持之以恆，我們遲早都會在所有人身上看到同一光明，而且「不再明滅閃爍」，因為我們已經體會到弟兄的光明和自己以及耶穌的光明無二無別。終究說來，心靈就只有一種光明，即是上主的光明：唯一的實存且一體無間，既無起點，也無終點。

最後，關鍵還是靠我們把這個練習套用在當天所有事件以及所有關係中，當然包括了我們自己，因為稍不留神，我們就會陷於自己的黑暗及特殊性之中。唯有如此，我們的雙眼才能不再著眼於分裂，而樂於矚目一體真相。

除非你能看清祂的造化真相，否則你無由得知上主的

真相，因為上主和祂的造化是不可分的。造物主及其
造化的一體關係就是你的圓滿生命、你的清明神智、
你無限能力之所寄。這無限能力乃是上主賜你的禮
物，也是你的本來面目。（T-7.VI.10:3~5）

**(8:1~2) 今天，天堂之光垂顧了你，它照在你的眼瞼上，讓你
安息於黑暗的塵世之上。這種光明不是你的肉眼所能看見的。**

同樣的，這兒說的既不是有形的光明，更非新時代所說的
光環，而是永恆照耀著心靈的救贖之光。就算我們偶爾會具體
感受到療癒之念透出的光明，但切莫忘記那只是象徵正念之光
的倒影罷了。我們必須超越這些詩意的描寫來領會它背後的深
意：真正的光明只存於心內，照耀於外的光明並非真的。說到
究竟，光明**就是**我們，就在我們放棄黑暗的一刻，它會自然浮
現於意識之中。

(8:3) 然而，你的心靈卻看得一清二楚，而且心領神會。

肉眼無法看到真實的光明，因為小我打造眼睛的目的，就
是不讓我們看到或體驗到心靈的光明。或者更進一步說，肉眼
的形成就是不想讓我們看到罪咎之心的黑暗。然而，只要決心
拜耶穌為師，我們在世上看到的一切「若非愛的流露，就是愛
的求助」（T-14.X.7:1），而且還「一清二楚」，因為外在的流
露和內心的求助，其實是同一回事。總之，罪咎蒙蔽了慧見，
令我們看不到唯一真相；而寬恕則會釋放心靈，開啟慧眼。

(8:4~5) 今天是天降大恩於你之日，我們為此感恩不已。今天，我們會明白，你害怕失去的，原來只是失落而已。

「害怕失去的」，是指小我念念不忘的個體性，本質上，它全然虛無；而這個「個體之我」，本身即暗示我們已經放棄了涵容一切的基督自性。唯有寬恕的慧眼能讓我們看清「虛無」的一文不值和「一切」的真實價值。兩者之間，有著天壤之別。只要看清了這點，我們就會憶起自己真正渴望的究竟是什麼了。

> 你也許認為本課程會要求你犧牲自己的所愛。從某種角度來講，可說是真的，因為你珍愛之物正把上主之子釘在十字架上，動彈不得，而本課程的目的是要釋放他，還他自由。但不要因此而誤解了犧牲的意義。犧牲要你放棄的不外乎你想要之物。上主之師啊！你究竟想要什麼呢？上主一直召喚著你，你其實已經答覆了。如今，你難道願意犧牲這個召喚嗎？（M-13.6:1~7）

任何人只要憶起那個「召喚」原來是自己的心靈在召喚著自己回歸恩典生命，所有犧牲與失落之念便會消融於無形。試問，任何神智清明的人豈會「願意犧牲這個召喚」？

(9) 如今，我們已經了解根本沒有失落這一回事。我們終於看清了它的反面真相，而為自己所作的抉擇感到慶幸。每小時再

試著回想一下你這個決定，騰出片刻的時間，放下所有的雜念，重申你的抉擇，並且深入體會這兩句話：

　　　　眼前的世界沒有我真正想要的東西。

　　　　我所渴望的世界，超乎塵世之上。

　　我們已經知道，不只要每小時憶起這個決定，而且一整天都要記住才行。但同時要記得，每當我們意識到自己又生起判斷、攻擊及特殊性之念時，切莫感到內疚，只需即刻轉向耶穌，借用他的眼光來看當前的處境。也就是說，我們需要正視的乃是自己賦予這一事件的意義，以及自己雖然有心寬恕，暗中卻仍在抵制耶穌的寬恕這一事實。總之，在我們的學習過程裡，最重要的是承認自己心裡有一部分並不想要光明與愛的世界，然而，也確有另一部分十分渴望那一境界，否則我們就不會老老實實作這些練習了。請記得，唯有覺察到自己的三心兩意，我們才會發自內心求助耶穌幫自己改變心態，然後誠心誠意說出這兩句話：

　　　　眼前的世界沒有我真正想要的東西。

　　　　我所渴望的世界，超乎塵世之上。

　　我們即將進入這個單元的最後一課，在那一課，耶穌會再度加強我們的心靈力量，我們終能作出唯一的幸福選擇的。

第一百三十課

我不可能同時看見兩個世界

　　在這組系列的最後一課裡,耶穌再次強調了決定能力的重要性,並且明確點出,外在所見之物並不在外,那只是我們心內當真之物所投射出的一道陰影而已。因此,這一課著墨最多的就是「投射形成知見」的觀念:外在的一切全都源自於心內,我們會在外面看到罪咎魅影或是愛的倒影,端視我們選擇著眼於小我陰暗罪惡還是聖靈的寬恕光明而定。因此,不論我們在外面看到什麼,其實都不是問題,問題純粹出於自己的心靈選擇聽從哪一位老師。也為此之故,本課的焦點始終不離「決定」這個主題。

(1:1~3) **知見是一貫性的。你所見到的不過反映出你的想法而已。而你的想法不過反映出你決心想要看到什麼罷了。**

　　這可不是說我們所知所見的外在事物具有「一貫性」,因為萬事萬物必然變化無常。耶穌要說的是,我們的知見必然與

我們的想法一致，而我們的想法又與我們選擇的老師完全一致。換句話說，我們會選擇「自己想要看見」的對象。耶穌在〈教師指南〉「上主之師的人格特質」那一篇裡，把「真誠」界定為「表裡如一、前後一致」，意味著上主之師的言行和想法全然一致（M-4.(二)）。由此可知，所謂的「真誠」，絕非在於形式層面，也不問是否合乎客觀上的事實，而完全在於內涵層面的一致性，也就是說，關鍵在於一個人的內心所認同的，究竟是耶穌的愛還是小我的恨。

(1:4) 你的價值取向決定了你之所見；因你重視什麼，必會設法看到它，並且相信你所看到的真實不虛。

　　無可否認，人類最重視的莫過於我這個個體的價值了，而個體之我的存在本身適足以證明「自己和上主真的分裂了，而且我真真實實地存在」。凡是特別珍惜個體價值之人，對小我必然言聽計從。可還記得，無始之始，我們仍是唯一聖子之初，起了小小瘋狂一念，那時聖子有兩種選擇，他可透過小我也可透過聖靈的目光去看待那個瘋狂之念。由於聖子傾向分裂，故選擇了小我，從此，他只能繼續仰賴那充滿罪咎與怨恨的小我思想體系來維繫他的個體生存；就這樣，整個有形可見的物質宇宙於焉生成了。反之，身為聖子的我們若重視完美一體的聖愛，便會聆聽耶穌的教誨，一切必然隨之轉變；而當轉變具有全面性時，表示聖子進入了真實世界。

(1:5~6) 沒有人會看到他內心毫不重視的世界。只要他相信這

是自己想要的，他一定看得見它。

也就是說，如果我渴望分裂，重視個體價值和特殊性，那麼我觸目所及的一切，當然盡是這類東西。但如果我真心想要回家，甘心消融於天心，那麼，當我放眼世界時，便不難看透它的虛幻本質。這種體悟本身，等於進入了真實世界，它已經超越了夢境，乃是真理所在之處，只存於心靈內。正因它能跳脫出夢境，回過頭來看清夢中一切如此虛幻不實，自然不會當真了。總之，我們一旦明白了作夢的企圖，不再與之認同，自然不會把夢境當真了。大家可還記得福音「山中寶訓」裡的一句話：「你的財寶在那裡，你的心也在那裡。」（〈馬太福音〉6:21）

《奇蹟課程》曾五次引申這句福音，最直接的就是下面這一段〈正文〉：

> 別忘了，你的心在哪裡，你的財寶就在那裡。你重視什麼，就會對它信任不已。（T-2.II.1:5~6）

的確如此，我們相信什麼，就會看到什麼，因此才說：「只要他相信這是自己想要的，他一定看得見它。」至此，我們終於明白為何耶穌在他的課程中如此強調「目的」一詞。我們根據自己的信念而選擇某個目的，目的一旦確定，便決定了我們會看到什麼，這正是「投射形成知見」的道理。

(2:1) 有誰能真正地恨一個人，同時又愛他？

　　大家應該還記得先前提過的「切斷聯繫」，亦即心理學所說的「解離」心態，其目的就是企圖保全兩個根本無法並存的念頭：

> 「切斷聯繫」，不過是一種扭曲而變態的思想模式，它企圖保住兩套無法並存的信仰體系。（T-14.
> VII.4:3）

　　小我要我們相信自己可以同時又愛又恨，其實，那一刻我們已經全面認同了小我之恨，並與正念心境的愛分道揚鑣，而愛也只好識趣地隱退一旁了。直到有一天我們敢把愛與恨一起並置於眼前（也就是把幻相帶入真相），那陰暗的恨才會在愛的光明中遁形而去：

> 你只要將兩者同置一處，便不難看出自己是不可能同時接受兩者的。然而，若有一方隱身於黑暗中，這一分裂狀態好似能為雙方保住同等的真實性而共存下去。（T-14.VII.4:4~5）

　　耶穌三番兩次告訴我們，必須作一選擇，因為我們斷然不可能同時選擇愛又選擇恨的。這正是小我最擔心的，因為我們一旦選擇了愛，恨便無立足之地，而在恨中孕育出來又飽受罪咎滋養的那個「我」，必也隨之消失蹤影：

> 因此，你很怕它們碰面，因為它們一旦相會，就會逼得你不能不放棄其中之一。你無法同時活在這兩套體

系下，因它們相互否定。兩者若避不相見，你便無從
看清這一事實，因它們的背後都有你頑強的信念支撐
著。唯有同置一處，它們水火不容的事實才會當下現
形。其中一個必須退下，因為另一個已佔據了它的領
地。（T-14.VII.4:6~10）

正因如此，我們才選擇活在仇恨、批判、恐懼和罪咎的黑
暗中，確保我們這特殊的個體生命安全無虞地藏身於分裂的身
體陰影下，不受寬恕之光的侵擾，即使犧牲我們的一體生命也
在所不惜：

你所見到的世界都是藉著「犧牲」一體性而形成的。
那是一幅徹底分裂且毫無連結的圖像。每個實體的周
圍都好似築起了一道狀似堅固的圍牆，牆內的生命
無法向外伸展，牆外之物也無法與困在牆內的生命相
通而結合。每一部分必須犧牲其他部分才能保持自身
的完整。它們若結合為一，每個部分都會失去自己的
身分；唯有各據一方，才能守住它們的自我。（T-26.
I.2）

耶穌繼續解釋，小我怪異又可怕的思想體系為了保全個體
之我，不惜與我們的自性一刀兩斷：

(2:2~3) **又有誰會把自己不想要的東西弄假成真？誰會故意去
看一個令他害怕的世界？**

　　我若害怕真實世界可能傷及我的個體性，我當然不會看到它，而寧可透過小我設定的眼耳感官和大腦去看、去聽、去推理，直到弄假成真為止。我們確實很害怕耶穌的愛，因為一體之愛會拆穿特殊性的謊言，難怪我們那麼死心塌地著眼於個別利益以及特殊價值。不消說，知見世界之所以對我們顯得如此真實，都是基於「投射形成知見」的道理。

(2:4~5) 恐懼令人目盲，你絕對看不到自己害怕看到之物的，這是恐懼最厲害的一招。因此，愛與知見會攜手前進；恐懼則會把明明擺在眼前之物掩藏於黑暗中。

　　上主的愛始終存留於心靈內，而聖靈的救贖原則就是為我們指出這個單純無比的真相。也因此，小我最怕的，莫過於我們選擇聖靈為師，故想盡辦法把愛掩藏到個體性與罪咎的暗室裡，反過身來又用罪咎的可怕後果來嚇唬我們，如此居心叵測，讓我們更加害怕選擇愛。說到底，也正是這一恐懼令我們徹底目盲；而《奇蹟課程》的獨到之處，就是點明了導致我們盲目的罪魁禍首即是罪咎：

> 罪咎使你盲目，你只要在自身內看到一點罪污，就看不見光明了。你若把它投射於外，世界便籠罩在你的罪咎下，顯得更加陰森可怕。你等於在罪咎上頭罩了一層黑紗，自然看不出它的廬山真面目，因為你還不肯向自己心內看進去。（T-13.IX.7:1~3）

正是這些罪咎和恐懼阻擋我們往心內看去，因為我們深恐認出自己罪孽深重。這道自我保護的機制逼得我們只敢往外看去，自然只會看到自己想要的現實世界。其實，我們若敢往內看去，會發現那兒**真的**什麼也沒有。然則，為何小我要把我們打入失心之境而且終日為這具肉體擔心受怕？《奇蹟課程》對此著墨甚多，最清晰的闡釋應屬下面這段引言了。要知道，小我那些理由全是無中生有，因為心靈內並沒有任何東西會傷害我們。或者不如說，心靈內除了光輝無比的天堂之愛，此外別無他物：

> 小我高聲命你不要往內去看，否則你會親眼照見自己的罪而遭天打雷劈，以致失明。你相信了它的話，故從不往心裡去看。其實這並不是小我的隱憂，也不是為它效犬馬之勞的你的隱憂。……你因著罪的信念而害怕往內看，這恐懼底下其實隱藏了令小我戰慄的另一種恐懼。
>
> 萬一你往內看去，卻沒有看到罪，那又如何是好？小我絕不允許你冒出這種「可怕的」問題。此刻你若提出這一反問，勢必嚴重威脅到小我的整套防衛措施，它會立刻翻臉不認人。（T-21.IV.2:3~5,8;3:1~3）

《奇蹟課程》的目的所在，即是幫助我們對小我「提出這一反問」；也唯有如此質疑，我們才有機會從黑暗返回光明。是的，我們的救恩就靠這一反問了。

(3:1~2) 那麼，恐懼會在世界上投射出什麼來？在黑暗中，你能看到什麼真實之物？

　　答案無他，恐懼投射於世上的一切必然徹底虛無；只因它投射的全是小我體系中的分裂、個體性、罪咎、攻擊、痛苦及死亡，本質上就是徹底的虛無。小我為了證明自己這一套真實不虛，不僅塑造特殊的我，還要一堆盟友去保護和鞏固這個個體身分。然而，小我又不時警告我們，這些「朋友」十分可怕，千萬不要與他們照面，否則我們小命難保。這正是「解離」的伎倆，一方面我甘心把罪咎懼當成自我的一部分，同時又得想盡辦法逃離「死亡那白骨嶙峋的魔掌」（W-189.5:4）。正因如此恐怖，我們不能不把這些可怕念頭投射為心外的他物，否認那是自己的一部分。其實，我們在外面看到的只是罪咎的一道陰影而已，本質上徹底虛無，故稱它為「妄想症」還更為貼切，因為我們看到的一切真的不存在。

> 如果你認清了這世界只是一個錯覺妄想，你會如何？如果你終於了解這世界是你自己一手打造的，你會如何？如果你真正明白了，在世上來來去去的那些會犯罪、死亡、攻擊、謀害，最後一死了之的芸芸眾生，都不是真的，你又將如何？你若接受這一事實，還會相信眼前所見的一切嗎？你真想看到這種世界嗎？（T-20.VIII.7:3~7）

　　「在黑暗中，你能看到什麼真實之物？」當然什麼都看不

到！只有光明才是真的，而它正在耐心地等待我們掀開自己覆蓋在它上頭的罪咎黑紗。

(3:3) 真相一被恐懼侵蝕之後，所剩下的只是一堆錯覺幻想。

　　恐懼摧毀不了真相，卻能覆蓋真相。好比日蝕這種天文現象，月亮遮蔽了太陽卻不可能毀滅它，人們也就那麼幾分鐘看不到太陽而已。同理，我們之所以看不到愛，也是因為心內的恐懼作祟或被它投射出去的黑影覆蓋住了。然而，不論我們多麼一口咬定自己看到那恐怖魅影，也無法將它弄假成真，因它只是我們瘋狂而妄想出來的症狀罷了。正如同〈正文〉這一段的解說：

> 你若把原本非真之物搞得活靈活現，它原有的真相便會在你眼前遁跡。但真相本身是不可能看不見的，因為它在聖靈眼中清晰無比。你之所以看不見它，只因你的眼睛老是盯著其他的東西。你沒有權利決定什麼才是真的；同理，什麼是看得見的或什麼是看不見的，你也做不了主。所謂可見之物，其實就是指聖靈著眼之物。真相的定義來自上主，不是由你界定的。（T-12.VIII.3:1~6）

　　只因自己「看到」就認定必是真的，這是小我不折不扣的傲慢；而我們竟然相信小我告訴我們的存在真相，表示我們真的神智失常了。可還記得先前引用過的一段引言：

不要向那陌生的過客〔小我〕請教「我究竟是什麼」。整個宇宙就只有他不知道。你卻偏偏向他請教，並且還按照他的答覆來調整自己。使得浩瀚如宇宙的真理原本不屑一顧的那個渺小而荒謬的瘋狂一念，如今神氣十足地擔任起你的嚮導。你開始向那渺小一念請教宇宙的意義。在浩瀚如宇宙的真理前，你竟會向那個盲目的嚮導請教：「我該怎樣看待上主之子？」（T-20.III.7:5~10）

但無論我們的恐懼有多深，也無論我們幻想出什麼現實，真相永遠安然存留於心靈內，等待我們的心智恢復清明。

(3:4~6) 那些出於驚恐的盲目幻想，又可能真實到哪裡去？在這些幻想中，你究竟想找到什麼？在這樣的夢裡，你還能期待什麼？

耶穌這類剴切的呼籲，在《課程》中屢見不鮮：「看看你送給自己什麼東西，看看你把我給你的天堂的記憶這份禮物換成了什麼一文不值的東西。」他在這裡同樣如此反問我們：「在這些幻想中，你究竟想找到什麼？在這樣的夢裡，你還能期待什麼？」他的用意，無非是想幫助我們意識到自己的選擇及戀戀不捨的東西不只虛幻至極，還讓自己活得很不開心；同時還要明白真正讓我們傷心的，其實不是世界而是內心執著的虛無之物。容我再重述一次，在拒絕虛無而選擇耶穌的愛以前，我們總得先意識到自己所知所見以及所追逐的一切毫不真

實才行。耶穌繼續開導我們：

(4:1) 你自以為看見的一切，都是恐懼為你營造出來的假相。

　　我們肉眼看到的一切根本就不存在，說得更徹底一點，肉眼其實什麼也看不見。只因肉眼早已被罪咎及恐懼的黑紗所蒙蔽，蓋住了慧見之光，就和瞎了沒兩樣：

> 慧見需要光明。在黑暗中，你不可能看見的。然而，在黑暗中，也就是你的私人夢境裡，即使闔上了眼睛，你仍可能看見夢裡的一切。也只有在夢中你才會看到自己打造的世界。一旦捨棄黑暗，你打造的那一切便消失了蹤影；因你必然已經否定了自己的慧見，才可能看到那一世界的。……然而光明一至，夢境必然消失，你才能看得一清二楚。

> 不要企圖透過肉眼去尋找慧見，縱然你自行發明了一種能在黑暗中看見的伎倆，把自己騙得團團轉。所幸，基督慧見仍在你內，祂能超越黑暗而在光明中俯視萬物。你個人的「見地」只可能出自恐懼，基督慧見才源自於愛。（T-13.V.8:1~5,9;9:1~3）

　　只要我們還把人間的分別相當真，就知道自己的眼光早已受制於恐懼，因為慧見只會看到萬物的同一性，也就是聖子奧體一體生命的倒影：

(4:2~3) 世界就是靠著你所相信的一切分裂、分別及多元分歧性而架構起來的。其實它們並不存在。

　　這一小段引言，等於耶穌在聲明：「上主不曾製造飛機失事、愛滋病、癌症或任何不幸事件，不僅如此，連更基本的分裂與分別幻相也不是出自上主之手。」天堂乃是建立在一體不二的原則上，天堂之外的一切根本不可能存在，因為它們全在天心之外。一體生命豈可能看到分裂及分別相，那不過是瘋狂小我的知見世界打造出來的東西。下面這兩段〈教師指南〉引言，同樣為我們精闢點出世界的虛幻本質：

> 相信世事難易有別，乃是世俗知見的立論基礎。它的認知完全建立在差異性上，每個畫面都有錯落有致的背景，變化多端的前景，高低不同，大小不等，明暗不一，以及成千上萬的對比；每一物都想把另一物比下去，才能博得注目的眼神。……人的肉眼最愛著眼於衝突。

> 幻相說穿了不外是種種「分別相」罷了。除此之外，還有什麼其他的幻相可言？……人心若發覺健康成了一種負擔，〔心靈〕便會逃避到一個「發燒」的夢境。心靈一旦陷入這種夢境，便分裂了，與其他心靈顯得如此不同，各有所好，甚至能夠犧牲別人來滿足自己的需求。（M-8.1:1~2,6;2:1~2,7~8）

耶穌緊接著告訴我們，究竟是怎樣的心靈才會打造出這些分別相？

(4:4~5) 那是愛的對頭所營造出來的幻相。然而，愛不可能有仇敵，於是，世間的一切便失去了存在之因；它既不存在，自然無法產生任何後果。

世間的分裂、區別及差異性，全是無中生有，因它出自「愛的對頭」——恐懼；但愛是沒有對頭的。既然事出無因，便無後果可言；後果既不存在，世間的種種分別相便失去立足之地。我們就如此進入真實世界，跳脫出世界夢境之外，從上俯視人間的苦難與死亡，立即了然於心，明白自己所見的一切毫不真實，因為形成這種世界的妄念之因早已解除了（毋寧說是根本未曾存在過）；肇因一旦消除，我們所看到的一切「既不存在，自然無法產生任何後果」。

(4:6~8) 不論你如何重視，它們依然虛幻如故。不論你如何努力追尋，它們依然杳無蹤跡。今天，我們不再無謂地追求了，不再浪費今天的時光去尋覓那不可能尋獲之物。

很清楚，我們一生都在尋尋覓覓的幸福、平安和喜樂，是永遠無法在世上尋獲的，因為世界存在的目的就是企圖隱藏幸福平安的源頭——始終存於正念之心的上主聖愛。在夢境裡，縱然我們能夠任意選擇，甚至極盡所能地賦予種種價值，卻沒有能力將自己想要的東西弄假成真：

只有上主的創造才無法逆轉及改變。你自己營造之物，則如白雲蒼狗，變化莫測，因為當你不以上主的模式去想時，你是想不出任何名堂的。出自錯覺的妄想，不能算是真正的想法，不論你如何相信它們。你想錯了。思想能力來自上主，而且只在上主內。身為上主聖念一部分的你，不可能離開祂而想出任何名堂的。（T-5.V.6:11~16）

無庸置疑的，這個幸福真相就是救贖。

看，下面這一段引言，如此鏗鏘有力地重申了心靈的抉擇能力：

(5) 你不可能同時看見兩個毫無交集的世界。你若尋求其中一個，另一個就會消失於眼前。你只能保留一個。你的決定無法超越這個選擇範圍。你只能在真實與虛妄之間作一選擇，此外別無選擇的餘地。

這正是分裂心靈的運作原則——抉擇者必須在小我和聖靈之間二選一，它不能兩者皆選，也不能兩者都不選。非此即彼，必選其一。

問題是，你不可能單憑自己作決定。所以，關鍵在於你是「跟誰」作出這些決定的。這才是所有問題的癥結。因此，第一條決定準則並非迫你就範，而只是陳述一個單純的事實。不論作何決定，你都不是單憑自

己作出來的；這些決定若不是與偶像就是與上主一起作的。你選擇向基督或是「反基督」求助，祂或它就會加入你的陣容，指點你如何進行。（T-30.I.14:3~9）

上述引言與本段課文的主旨可謂毫無二致：我們必須在真相和幻相或真實與虛妄之間作一選擇。一旦看清這兩種世界的矛盾對立，解決之道便顯而易見了：

> 若想解決這兩種相反的思想體系的矛盾，唯一的辦法就是選擇其一而放棄另一。如果你與自己的思想體系認同（我敢說你不能不與它認同），而且同時接受兩種截然相反的思想體系，你的心靈是不可能平安的。只要你接受二者，你等於在教人兩種全然對立的思想，那麼你不只在教人矛盾，自己也在學習矛盾。……神智清明與瘋狂失常之間也不會正面衝突。因為只有一個是真的，故也只有一個真的存在。（T-6.V.二.5:1~3;6:1~2）

(6:1) 今天，我們不再存心妥協了，因為其間沒有妥協的餘地。

小我的妥協伎倆即是在地獄裡摻雜一部分天堂，在天堂內摻雜一點地獄。接下來的課文還會繼續揭露這一點。小我企圖把上主拉進世界，還大言不慚地說人間是有真理、幸福與希望的；這使得世界變得更為真實，而絲毫不具分裂、區別或差異的天堂一體不二之境，反倒顯得曖昧不明了。這就是為什麼耶

穌會三申五令：「救恩是不可妥協的。」他在本段課文從具體的寬恕角度切入這觀點，下面這段〈正文〉說的即是「不可妥協」的普遍原則：

> 救恩是沒有妥協餘地的。妥協表示你認為自己能夠只接受想要的一部分，擷取一點而放棄其餘。救恩不會放棄任何一物的。它對每一個人都是圓滿無缺的。……接受妥協等於否定救恩，因為妥協表示你相信自己不可能真正得救。……本課程易學之處即在於它的毫不妥協，絕無模稜兩可。（T-23.III.3:1~4,6;4:1）

只要我們還珍惜世間任何一物，或寄望某種美好結局，即使是「世界和平」這類高貴情懷，或是「家人健康幸福」這種單純心願，其實都暗含了「妥協」的傾向。請記得，世上任何希望必然落空，只有和耶穌一起正視小我的絕境而後將它放下，才是人間唯一的出路。

(6:2~5) 你眼前的世界證明了你已經作了一個選擇，而這選擇與它的反面一樣都是全面性的。我們今天所學的課程，不只告訴你不可能同時看見兩個世界。它還會教你，你所看到的這一個世界，由你著眼的那個立場來看，頗能自圓其說。它自成一格，因為它源自同一情緒，而這一源頭會反映在你在它內所看到的一切事物上。

這段話再次反映了「觀念離不開它的源頭」的道理。我們

若想知道自己的心靈究竟拜誰為師，只需看看我們打造出來的眼前這個世界。如果它充滿了特殊性、痛苦與失落，而且善惡分明，就成了我們選擇了小我的明證，因為**觀念離不開它的源頭**。究竟來說，這個世界只有一種價值可言，就是將我們心靈所作的選擇反映給自己看，僅此而已。第一百九十三課說得更為直截了當：每當痛苦在我心目中顯得十分真實時，表示我已經選錯了老師（W-193.7）。因為痛苦的真正起因是分裂、區別和差異，以及我們把身體過於當真了。請留意，本課的主旨不只強調我們「不可能同時看見兩個世界」，它還進一步提醒我們：眼前世界的景象和心內選擇的老師，兩者之間有如鏡像關係，只因**觀念離不開它的源頭**。一旦明白這個道理，這個世界便開始發揮另一種作用了。

(7:1) **今天，練習六次，每次都懷著歡欣且感激之心，騰出五分鐘的時間體會一下這個觀念，它能消除你所有的妥協及疑慮，一舉而全面地超越過去。**

　　我們感激的當然不是自己的苦難，而是感謝那位心靈老師，因為他教導我們看清了痛苦的真正起因。故不論外境如何，都應心存感激，因為老師正好應機施教。只要有耶穌的溫柔指引，無論什麼遭遇，都成了我們從痛苦解脫的契機；同時，我們也欣然感謝這個療癒機會。

　　各位大概會注意到，耶穌要求的仍然只限三十分鐘，前幾課是十分鐘，一天三次，此課改為五分鐘，一天六次。目的是

提高我們的覺知，增加憶起功課的次數。坦白說，我們早上一踏出家門，走進世界，往往便把當天的功課忘得一乾二淨，這是現實的壓力和挑戰使然，如同英國詩人華茲華斯（William Wordsworth）那句名言：「世界對我們太沉重了。」但我們若真能歡欣地「騰出五分鐘的時間體會一下這個觀念，⋯⋯消除你所有的妥協及疑慮，一舉而全面地超越過去」，遲早便會看清世上所有的問題原是同一問題；在此領悟下，我們更容易選擇那唯一解決的方案了。

(7:2) 我們再也不去作種種無謂的分別取捨，也不想保留任何一點虛妄，我們只願全心致力於發掘真相。

　　所謂「分別取捨」的心態，可以說無所不在，打個比方，今天發生了一件好事，也發生一樁倒楣事；我遇見了一個好人，但也碰上了一個壞傢伙；這些判斷，無一不是出於小我的恐懼。我們最需要學習的，就是平心對待每一件事，因為那位老師會替我們重新詮釋每一位聖子，幫助我們看見聖子共享同一內涵——我們全都有待寬恕，而且**無一例外**。即使身在幻境，只要願意著眼於同一內涵，我們就離唯一真理不遠了；這唯一的真理即是基督的一體自性，它不只是上主的造化，且與上主一體不分。

(8) 當你開始尋求另一世界時，不妨先祈求那超乎你個人的力量，看清你所追求的究竟是什麼。你要的絕不是一堆幻相而已。在這五分鐘內，放下手中一切微不足道的世間珍寶。等候

著上主的助援，同時這樣說：

> 我不可能同時看見兩個世界。願我接受上主賜我的力
> 量，不再珍惜塵世的一切，我才可能找到我的自由與
> 解脫。

由此可知，本課操練的要點，在於放棄先前意圖取代上主
的那些「微不足道」之物，同時還需意識到由於自己一味委曲
求全而倍感困頓。可還記得耶穌說的，你的問題不是要求太多
而是要求太少了（T-26.VII.11:7）。我們應呼求基督如鷹的力
量，不再以小我那弱如麻雀的能力為足（M-4.(一).2:2）。也就
是說，我們必須先將自己「微不足道的世間珍寶」帶到基督的
大能前，甘心空出雙手，讓上主的聖愛充滿心中。真的，世間
所重視的特殊性其實毫無價值，只要將它置於真實世界的真正
價值之前，徹底的自由解脫便指日可待了。

(9:1~3) 上主必會來臨的。因你所呼求的乃是那偉大全能的力
量，祂會心懷感激地與你一起邁出這一大步。你一定也會在有
形可見之物以及無形真理之境看見祂對你的感謝。

這幾句話所反映的，正是真實世界的心境。但只要我們依
舊相信自己活在世上，是不可能了解那抽象、非具體而且超越
一切形式的真理實相的。幸好，我們仍能透過具體的寬恕而認
出真相的倒影，因為我們願意把他人的福祉視為自己的福祉。
雖然倒影本身並不神聖，只有它所象徵的源頭才堪稱神聖，但

耶穌在〈正文〉已明確地指出，慧見雖僅僅是真知的倒影，卻不失為正見的一種教具：

> 真實的慧見（vision）是靈性之眼本有的認知能力，然而，它只有修正的作用，並非真實的存在。靈性的眼光也是象徵性的，故不足以充當真知的工具。然而，它卻不失為正見的一種教具，正見會引領它進入奇蹟的領域。「在神視中看見上主」應算是一種奇蹟，而非啟示。事實上，只要是涉及知見的經驗，都被剔除於真知之外。為此之故，所有的神視慧見不論多麼神聖，都只是曇花一現。（T-3.III.4）

為此，切莫忘記，我們最終想要的乃是上主的聖愛，而不是祂的某一種化身。耶穌接著再度重申了這一觀念。

(9:4~5) 你不會懷疑自己的所見，雖然它仍屬於一種知見，卻與你以前肉眼所見的不可同日而語。在你作此抉擇之際，你會知道上主的力量始終支撐著你的生命。

這種「見」，也稱之為基督慧見，亦即耶穌教我們看待世界的另一種目光。因此，我們只能仰賴他的力量，不能光靠自己。正如〈正文〉所說，我們始終在自己的軟弱與基督的大能之間作選擇（T-31.VIII.2）。關鍵在於我們得先甘心認錯，承認自己不僅認不出把什麼弄假成真了，連自己為什麼生氣都說不明白卻自認為知道原因所在。當我們自以為是地諉罪於他人

或外境時，恰恰成了我們徹底無知的佐證。為此之故，我們十分需要虛心求助於心靈本有的真實力量，看清自己心煩意亂的真實原因。這種慧見雖然仍屬於知見領域，卻已為真知之境打下了基礎。

(10:1) 今天，只要記得你抉擇的限度，任何誘惑都會在你眼前煙消雲散。

　　耶穌再一次要我們時時警覺，因為現實環境太容易誘使我們遺忘心內冥冥中知道的真相。〈正文〉也有類似的提醒：

> 沒有比只看外表的知見更盲目的了。（T-22.III.6:7）

　　也因此，向耶穌求助，意味著自己願意超越特殊性的種種**形式**，決心面對自己隱藏心內的**念頭**。我們先前提過〈正文〉末尾的一段話，說的正是這個道理：

> 不論哪一種誘惑，不論發生於何事，它只教人一個課題。它企圖說服上主的神聖之子他只是一具身體，誕生於必死的肉體內，欲振乏力，連感覺都受制於它。（T-31.VIII.1:1~2）

　　我們必須抵制把身體當真的誘惑，才能進入真實選擇的所在之地——心靈。這是此生想要完成真實轉變的唯一希望，也是臻至真實世界的唯一途徑。它無需藉助於什麼功德善行，而只是單純地改變心念，也就是由罪咎之念轉向神聖之念，由虛妄之境轉向真理實相。讓我們繼續讀下去：

(10:2~3) 你所看見的不是虛妄，就是真實；不是錯誤，就是真理，這正是你所能看到的限度。你的所知所見是隨著你的抉擇而來的，不論是地獄或天堂，它們一來就是全面性的。

在此，我們又看到了「非此即彼」的原則。耶穌要我們隨時警惕自己老想把聖靈拉進世界，存心魚目混珠的企圖；對治這種心態，我們該把自己的現實世界帶到聖靈臨在的心靈內。因為需要修正或有待療癒的絕非世間的處境，而是藏在自己心內的妄見，那才是問題之所在。說到底，分裂之念乃是一切妄見之始，代表了當初背棄天堂而選擇地獄的那個決定，故成了唯一有待療癒的關鍵。這段話清楚地告訴我們，小我思想體系是百分百的仇恨，聖靈思想體系則是百分百的愛；兩者之間，毫無中間地帶。「不論是地獄或天堂，它們一來就是全面性的」，這句話讓我聯想到〈教師指南〉一段異曲同工的話：

> 不要忘了，犧牲是全面的。沒有半得半失的犧牲。你不可能只放棄天堂的一部分。你也不可能只墮入地獄一點點。上主聖言的作用也是全面的，沒有例外。正是這一特質造就了它的神聖性，且超越三界之上。（M-13.7:1~6）

一切全憑我們的選擇，這使得救恩變得無比單純，也給了我們莫大的希望，更顯示了心靈的扭轉乾坤之力。

(11:1) 你一旦誤把某一小部分的地獄當真，你的眼睛與耳朵就會像中了蠱一般，於是你所見的準是地獄無疑。

　　「把某一小部分的地獄當真」，這句話並非指我們外在的種種作為，而純然指向我們把小我思想體系當真的那個決定。不論我們在外界看到了什麼，全是地獄的陰森倒影，即使外表看來多麼眩人眼目，幻覺就是幻覺，仇恨就是仇恨。我們選擇相信什麼，便會看到什麼；我們看到什麼，就會相信那是真的。唯有看到先前那個地獄的選擇而且決心不再與它同謀，「選擇天堂」才顯得天經地義。也唯有如此，我們投射在上主以及自己身上的詛咒才可能轉化為祝福。一如〈正文〉所言：

> 遠古的奇蹟終於能以祝福取代那蓄意傷人的千古宿
> 怨。（T-26.IX.8:5）

(11:2~5) 然而，天堂的蹤影仍在你的選擇範圍之內，它仍能取代你眼中所見的地獄。不論地獄以何種形式顯示，你只需向它的任何一個魅影說：

> **我不可能同時看見兩個世界。我要追尋我的自由與解**
> **脫，這件事與我真正想要的東西無關。**

　　最後，我們必須覺察自己心內始終有一部分想留在地獄，就是這個願望（而不是別人說了什麼或做了什麼），讓我們活得很不快樂。如果我們真心想要上主的平安，必須先嚴肅地正視自己打造了怎樣的地獄，了知那正是自己「心想事成」的結果。幸運的是，我們隨時都有重新選擇的機會，就是這一選擇給了我們和整個聖子奧體重獲自由的希望。

第一百三十一課

尋求真理的人，絕不會徒勞無功

　　本課可以視為「山中寶訓」裡頭這一句福音的註腳：「尋找，就找到……有心尋找的人，必會找到。」（〈馬太福音〉7:7~8）《奇蹟課程》引用《聖經》最多的也是這一福音經句，不斷重申「你尋找什麼，就會找到什麼」的觀念。如果我們追求的是人間幸福，那麼我們也會在人間經驗到幸福的幻影。然而，唯有向心內追尋，所找到的幸福才是永恆不替的。

(1:1) 你若追尋一個不可能完成的目標，註定一敗塗地。

　　開頭第一句就說出了小我的座右銘：**去找，但不要找到**（T-16.V.6:5）。小我不斷灌輸我們問題都出在世界，故只能在世間尋求解決。這顯然是小我的調虎離山之計，即是轉移我們的注意力，無視於自己的抉擇者選擇小我取代聖靈那個根本問題。為此，若要解決問題只能進入心內，反轉錯誤的選擇。簡

而言之，小我祭出的偷天換日手法，就是令我們深信不疑自己只是一具身體。但凡活在身體內的人，就得每天面對層出不窮的問題，以及應付身體的種種不適，如此一來，幸福的憧憬自然和「減輕痛苦」及「增加快感」掛鉤了。小我為世界預設的生存之道即是：不斷在世上尋求幸福但永遠不得滿足，只好生生世世追尋下去。這種人生，可想而知，多麼令人挫折、失望，甚至絕望。下面兩段〈正文〉的引言，將這種狀況和感受描繪得淋漓盡致：

> 你過去的經驗必然教了你不少錯誤，只因它不曾給你真正的快樂。僅憑這一點，你就應該質疑它那些經驗的價值。如果學習是為了改變（這是學習的一貫目標），那麼你是否滿意過去的學習經驗所帶給你的改變？學習成效如果差強人意，表示你的學習失敗，你並沒有獲得自己想要的結果。（T-8.I.4）

> 最使學徒飽受挫折的，莫過於一個令人無從學起的課程。這必會使他感到一無是處而意志消沉。世上沒有比一個想學而學不成的課程更令人沮喪的事了。事實上，這就是世界如此令人消沉喪志的根本原因。聖靈的課程絕不會讓人消沉，因祂的課程充滿喜悅。當學習令你沮喪之時，表示你已偏離了課程的真正宗旨。（T-8.VII.8）

因此，唯有選擇以聖靈為師，才可能窺見人心永遠不滿與

不安的終極原因，其實在於心靈那個錯誤選擇。如今，我們終於樂於接受聖靈的修正了。

　　下面這一段繼續為我們解釋人間永遠找不到的東西究竟是什麼。

(1:2) 你想在一個無常之地尋找恆常，在無愛之處尋找愛，在危險之境尋找安全，在死亡的陰森幻夢中尋找不朽的生命。

　　這番話全是針對身體而說的。我們憑藉現代科技延年益壽，反映出人類普遍懷有永生的渴望，倘若我們真能在世上獲得永生，便足以證明「世上這一套是對的，上主那一套反倒錯了」。不僅如此，我們還比上主技高一籌，不只擁有永生，而且能永遠活在「上主無法進入」的世界與身體裡頭。如同〈練習手冊〉所言「世界成了上主無法插足之地」（W-PII.三.2:4）。於是，小我的永續存在也成了我們戰勝造物主的最大成就。然而，〈正文〉卻明說了：「永恆性是小我一直想要開發的能力，結果一敗塗地。」（T-4.V.6:2）小我必然為此痛心疾首。既然如此，小我的瘋狂計畫怎麼可能得逞？對小我言聽計從的我們又怎麼可能如願以償？耶穌在下文就明確地指出原因所在：

(1:3) 有誰能在這自相矛盾的追尋下，尋到真正的安定？

　　世間一切都是矛盾的。確實，只要看清世界內在的矛盾，便知道它不可能來自上主，也不可能真實，因為當初世界形成

的目的就是存心和天堂作對。與之相反的，一體境界才是我們最真實又最自然的存在狀態；在那一體不二之境，只有上主存在。我們再讀一遍下面這段重要的解說：

> 在你之外，沒有任何東西存在。這是你最後必須學習的課題，這才表示你已覺悟天國重歸於你了。天國是上主唯一的創造，上主從未離開天國，天國也不曾離開過祂。天國原是上主之子的居所，聖子從未離開天父一步，也不可能活在天父之外。天堂不是一個地方，也不是某種境界。它只是對一體生命的圓滿覺悟，也就是悟出「此外無他」的那個真知：在這一體之外，別無他物，在這一體之內，也別無他物。（T-18.VI.1）

二元世界的一切不僅是對立的，而且只能靠對比的形式才能理解。比如愛是仇恨和恐懼的反面，另如高矮、胖瘦、老少、男女、生死等等，這類二元概念充斥著我們的現實生活。要知道，這一切全都出自潛意識的一個意圖，就是想要證明天堂的一體不二境界只是一個謊言，唯小我的二元世界及個體生命才是真的。由此可知，當小我教我們從二元幻境去追求一體真相時，怎麼可能達成！

(2:1) 荒謬無稽的目標是不可能達成的。

然而，小我絕不會向我們透露這個秘密的。我們的生命不

論從生理或心理的角度來講，全都註定一敗塗地；但每失敗一次，我們往往更加拼命，冀望下回得到不同的結果。好比說，下一份工作的酬報可以更高一些，下一個親密關係會更令人滿意，下一輛汽車能讓所有人羨慕，諸如此類的夢想數不勝數。不消說，不論多麼努力，必然徒勞無功，因那些努力毫無意義。為此，耶穌才會勸阻我們不要捲入世間無關緊要的瑣事或問題裡面：

> 它把注意力轉向外在的事物，藉此迴避真正切身的問題，冀望你從心底將它徹底忘懷。小我愛在瑣碎事物上忙個不停，其目的不外乎此。小我存心阻礙心靈的學習進度，它最愛玩的把戲就是讓你終日操心那些註定解決不了的問題。（T-4.V.6:4~6）

我們就這樣拼命追求卻永不得滿足，只好鍥而不捨地奮鬥下去。最諷刺的是，小我明著鼓動我們不斷拼搏，暗地裡卻幸災樂禍：「你再努力也終歸徒勞，因為你根本不配活得幸福。」這種念頭反映出人心深不可測的咎，也正是我們明知沒有結果還繼續拼命的最大動力。

(2:2~5) 你無法完成那些目標，因為你致力的方法與目標本身一樣荒謬無稽。有誰能從如此荒謬的途徑尋獲任何東西？它們能夠把你領向何處？它們豈能帶給你任何具有真實價值之物？

這是小我不想讓我們察知的又一秘密；而《奇蹟課程》的

目的，就在於揭發小我的秘密，進入心內，看清小我的陰謀。〈正文〉「無明亂世的法則」那一節，開頭第一段就道出了本課程的宗旨，即是揭發小我思想體系的瘋狂陰謀：

> 無明亂世的「法則」雖不可理喻，你仍可將它帶入光明之中。無明法則怎麼可能有意義？它根本不屬於理性的領域。只是表面看來，它好似有妨礙理性及真理運作的能耐。我們不妨平心靜氣地正視一下，越過它的表面說辭看個究竟。關鍵在於了解它的真正企圖，因為它存心製造荒謬，打擊真理。以下即是操控你的世界的幾個基本法則。事實上，這些法則控制不了任何東西，你也不必費心破除，只需正視一眼它的真面目，便可棄之而去。（T-23.II.1）

但我們若不跟隨耶穌的教誨，便無從識破小我的陰謀，而只能不斷重演「追尋與落空」的戲碼，因為我們一定會向身體尋求生存意義的。直到有一天，我們終於學會透過耶穌的慧眼正視小我，世界背後隱藏的目的以及我們死心塌地相信它的原因，便全都攤在光天化日之下，那麼，跨越這荒謬世界而邁向真實境界也成了天經地義的事了。

(2:6) 追求幻夢世界只會將你導向死亡，因為它追尋的是虛無；外表上你好似追求生命，其實你在自取滅亡。

這也是《奇蹟課程》最常討論的主題之一。〈正文〉開始

沒多久，便一針見血地點出我們所做和所想之間的衝突（T-2. VI）。比方說，我們很想幫助別人，暗中又怨恨那些求助的人，內心充滿了矛盾。從更廣的層面來講，我們一邊想在「幻夢世界」尋求幸福平安，內在卻有一股聲音告訴我們不配活得幸福平安，衝突也就勢所必然了。這正是本段課文的重點：我們絲毫意識不到，就是這種先天性的矛盾，使我們在人間不僅永遠無法圓夢，甚至愈陷愈深，難以自拔。要知道，分裂心靈本質上就是矛盾，「小我和聖靈，死亡和生命，仇恨與寬恕」之間的對立壁壘分明，但這兩套體系卻都存於同一心靈內，難怪我們的人生處處反映出這一矛盾，直到我們終於選擇了神聖一刻且奉聖靈為唯一導師為止。

(2:7) 即使在你追求安全保障之際，你的內心深處其實期待著危機的到來，藉此保全自己營造的那個小小夢境。

　　好好深思這段話的含意，它可說是對小我的當頭棒喝。從表意識來講，我們確信自己是一心一意地追求安全保障及幸福平安的；但下意識裡，卻老跟著小我偏向險處行。因為，唯有如此才能證明自己一直在承受外界的打擊，這一生的不幸遭遇便是最好的證明。既然我們只是外在暴力的無辜受害者，上主自然不會懲罰我們，而把矛頭轉向害我們深受其苦的罪人身上。我的「無辜」一旦成立，周遭的人都被打入罪孽深重的另一群，理當遭受天譴。

　　由此可知，在我們追求幸福和安全的同時，不知不覺已拜

入小我門下，而且對它言聽計從了。在這選擇下，我們不可能不認同於罪咎與仇恨那套思想體系，也不得不把罪咎投射於外，難怪我們所看到的都是有罪之人，唯獨自己清白，自然感到義憤填膺。從此，身外的威脅（而非內在的陰影）成了心頭大患。為了保護這個「小小夢境」，我們打造出整個世界，為的就是鞏固自己心內珍惜的小我思想體系。耶穌在〈正文〉中曾把「身體構成的世界大夢」和「心靈想要隱藏的秘密」作了類似的對比：

> 世界的夢與你個人的夢不能視為真相與夢境之別。世界與你在作同樣的夢。世界大夢只是你投射出去的夢境的一小部分而已，但你卻把世界之夢當成自己夢境的起點與終點。其實，世界大夢出自你個人的私夢，你自己看不清這個事實，才會把你在世上看到的一切當真，從不懷疑它的真實性。（T-27.VII.11:4~7）

耶穌只在本課才把世界大夢說成「小小夢境」，而且全都指向埋藏心底的「**秘密之夢**」。我們既已將它埋藏，自然再也意識不到它的存在，更想不起那原是自己的選擇。換句話說，只要我們存心強化那個虛幻的小我思想體系，便與真理絕緣了。話說回來，我們一旦意識到自己走錯了方向，明白以前向外尋求的真理原來就在自己心內，情勢便扭轉過來了，我們終會找到自己真心嚮往的境界的。

(3:1~2) 然而，人生在世，不能不追尋。你既為此而來，必會

致力於你來此世的目的。

我們投胎此世，不就是為了尋求幸福嗎？對小我而言，這也意味著犧牲別人。我們一旦認定問題都是外界引起的，便更能理直氣壯地發動批判及攻擊，因而再次落入小我思想體系的生存原則：「**非此即彼**」及「**不是痛下殺手就是坐以待斃**」。換言之，我這個體生命若想存活，得先毀滅上主；我若想清白脫罪而免受天譴，就需找個罪人替我頂罪。反思一下，我們畢生的追尋，不都是忙著證明別人錯誤來建立自己的幸福和真理嗎？因唯有如此，自己才能脫罪。下面這段引言為我們解釋了這一隱情：

> 當心那讓你認為自己受到不公待遇的誘惑。這種心態不過想證明只有你是無辜的，祂們〔天父與聖子〕則不是，你想把罪咎套在別人身上。……不論你用什麼方式來玩罪咎的把戲，必須有人認輸或受損才行。必有一方奪走另一方的純潔無罪，才能證明自己的無辜。你認為弟兄待你不公，因為你認為必須有一方不公，另一方才可能是無辜的。（T-26.X.4:1~2,7~5:1）

耶穌緊接著又提出了一個重要觀念：

(3:3) 然而，世界無法操控你所追尋的目標，除非你賦予它這個權力。

事實上，世界並沒有傷害我們的能力，因為它表面好似擁

有的力量，全拜抉擇者所賜，也就是耶穌在這兒所說的**你**。世界與芸芸眾生以及種種疾病，無一不令我們感到天地無情、被愛遺棄。心靈不得安寧，究其原因，只有一個，就是心內編織夢境的夢者賦予了夢中角色那種能力。別忘了，這是我們自己作的夢，夢中經歷到的威脅、痛苦或打擊，全是我們不想為自己的處境負責而演出的故事。因此，問題永遠不在外邊而始終藏於心內。那些攻擊念頭之所以令人痛苦，只因自己賦予了它那種能力。可還記得〈正文〉這一段重要的聲明：

> **不必害怕小我**。它得靠你的心靈才能存在，既然你曾因為相信它而造出了它，你也同樣可以不相信它而將它驅逐。不要把「你得為自己的信念負責」投射在別人身上，否則你就等於強化這一信念。只要你甘心承認整個小我都是你自己一手打造出來的，表示你已決心放下所有憤怒及攻擊的機會，它們全是因為你相信自己該為所有錯誤負責而又把這責任投射到他人身上所生出的後遺症。（T-7.VIII.5:1~4）

(3:4) **否則，你仍有自由選擇那超乎世界以及每個俗念之上的目標；這目標雖然一度遭人遺忘，如今你終於憶起了；它既古老又恆新，它只是你長久遺忘的天賦遺產之餘響，那才是你真正想要之物。**

　　即使我們存心抵制聖靈及其救贖，上主的記憶始終存於我們心內，不離不棄地等候我們回心轉意。只要不再賦予世界因

禁我們的能力，我們便徹底自由了。《奇蹟課程》的宗旨，就是教我們如何選擇新老師；而撤換老師和改變心念其實是同一回事。人類從開天闢地以來就只存在一個問題，便是聖子選擇了小我取代聖靈。我們一旦明白了自己的不幸全是這個錯誤引發的，解決之道就顯而易見了——換個老師而已。從此，我們的人生目標必會隨之轉變，不再看重虛幻的個人價值，而處處著眼於真實的一體聖子。讓我們再聽一遍那首「遺忘的歌曲」，它唱出了我們「長久遺忘的天賦遺產之餘響」：

> 請聽！你可依稀記得一處悠遠古老、尚未全然遺忘的境界？你也許記憶模糊，但並非完全陌生。它好似你早已忘記曲名的一首老歌，也記不得曾在何處聽過。迴旋在你腦海裡的並非整首歌曲，而是一點兒餘響，你甚至想不起與此相關的人們、地點或事件。但這一點餘響已足以勾起你的回憶，漸漸憶起那首曲子的動人旋律、和它相關的美景，還有跟你一起聆聽的可愛人兒。（T-21.I.6）

耶穌在此想要讓我們相信，我們渴望聽到的雖然只是天樂的餘響，那美妙的旋律終會將我們從「世界以及每個俗念之上」領回歌聲的源頭。

(4:1~2) **為你此生註定的追尋而歡欣吧！也同樣慶幸自己終於看清了：你追尋的是天堂，而且你必會完成這一真實目標的。**

　　「追尋」，毋寧說就是抉擇者的天性。我們這一生若非企圖追求個體價值，強化小我的世界，就是突然意識到自己的錯誤而開始追尋真理，意思就是，我們開始選擇那能帶領我們走上真理之路的老師了。故說「為你此生註定的追尋而歡欣吧」，我們真該慶幸自己有這追尋天性的抉擇者。耶穌當然會鼓勵我們尋求真理而非幻相，因為，「凡是以此為目標者，絕不可能失敗」。

(4:3~6) 凡是以此為目標者，絕不可能失敗，必會完成。縱使上主之子存心耽誤前程，不惜自欺，誤以地獄為目標，這一追尋過程仍不會徒勞無功的。他若犯了錯誤，自會得到修正。他若陷入迷途，遲早會被領回他註定要完成的使命。

　　耶穌曾跟海倫說過這樣一番話，海倫如果能遵循他的旨意，他必會助以一臂之力，但海倫若存心抵制，他也會予以修正的。言下之意，海倫無論如何也不會落空的。這番話好似向我們保證了，不論我們犯了什麼錯誤，都不是罪過更不會受罰，因為我們只不過企圖掩蓋始終都在那兒的答案而已。終有一天，我們會忍無可忍，鼓起勇氣向耶穌求助，而耶穌絕不會令我們空手而回的。他再次提醒我們，我們心裡塞滿的那些想法全是幻覺，根本沒有那回事。就憑這一念靈明，便足以幫助我們恢復天堂的記憶。這種天堂，對小我而言無異於地獄。因為小我有它自己的「天堂」，那就是它專為我們打造的「特殊性」地獄。

(5:1) 沒有人會一直陷於地獄的，因為沒有人遺棄得了他的造物主，也沒有人改變得了祂那完美而永恆不渝的愛。

這段話再次重申了救贖原則：天人不曾分裂過。縱然我們有夢見自己已和上主分裂而且活在地獄的自由，卻絲毫改變不了真相。聖靈所在的正念之心始終為我們記住這一真相，這一記憶反映出造物主「完美而永恆不渝的愛」。下面這段引言進一步告訴我們，就是這個愛，將我的意願和上主的旨意融合為一的：

> 若非你的意願及首肯，上主無法為你安排任何救恩計畫。救恩計畫等著上主之子的接納；只因上主所要賜他之物，他早已收到了。上主絕不願意和聖子分離，這旨意自然天成，無需時間之助。因此，凡是結合於上主旨意內的，必已進入永恆之境，它此刻就在你內。這表示你已為聖靈另備住處，而祂必會欣然而至。（T-21.V.5:1~5）

(5:2~5) 你終會找回天堂的。除此之外，其他任何的追尋都會逐漸消退。不是因為有人由你手中強行奪走。而是因為你自己不想要了，它才離你而去。

這兒又點出了《奇蹟課程》的另一重要觀念：耶穌不會強行奪走我們任何寶貝的。在之前所引用的〈正文〉，就有一段明說了：聖靈只會轉化我們的特殊關係。意思是說，我們以前

在天堂之外找來的寶貝，不會憑空消失，除非我們決心放掉。難怪，耶穌在〈正文〉裡如此語重心長地懇求我們重新選擇：

> 放下這個世界吧！這稱不上犧牲。因你從未真心想得到它。你從世上努力追求來的幸福，哪一樣不曾帶給你痛苦？你可曾享受過片刻的滿足而無需付出可怕又痛苦的代價？然而，喜悅原本是無價的，那本是你神聖的權利；凡是必須付出代價之物，不可能是真正的幸福。（T-30.V.9:4~10）

耶穌無法替我們選擇，只能不斷敦促我們重新選擇天堂；所選的天堂不只存於我們心內，它其實**就是**我們的生命真相。小我的地獄終有一天會對我們失去吸引力，那時「不」選擇它，成了一個快樂的決定。一旦釐清這兩種選擇所含的內容，有誰會甘心放棄幸福喜悅而選擇犧牲和痛苦呢？

這又落回一個老問題：人們始終堅信自己**真的**在追求真理；果真如此，他們今天就不會仍在世上廝混了。人們想盡辦法遮掩或否認內心隱藏的恐懼、衝突和罪咎，表示他們仍想靠自己撐下去，並不真想回歸天鄉。根據《奇蹟課程》的教誨，如果你不是真心想要回家，卻聲稱自己很想回家，那麼回家的真正渴望就被壓在你對人間的眷戀之下，而且反襯出耶穌那一套勸勉是錯誤的。這就是為什麼耶穌告訴你，你曲解了世界，這個曲解還反映出人心更深的妄念：「我要存在，我是對的。」切莫對這個深藏不露的念頭掉以輕心，幸好只要決心改

變，這一妄念自然就消失了。

(5:6) 你必會完成你真心追尋的目標的，這與上主在清白無罪中創造了你同樣的必然。

「結局已定，且如上主一般屹立不搖」——耶穌這種許諾，我們之前也引用過兩次（T-2.III.3:10;T-4.II.5:8）。我們最終必會返回天鄉的，因為從實相層次來講，我們根本不曾離開過天堂；那麼，我們怎麼可能回不去自己始終都在的地方？

(6:1~3) 為什麼你還在等待天堂？今天它就在此地。時間只是一個大幻相，是它幻化出了過去與未來。

第一百八十八課「上主的平安此刻在我心中照耀」，開篇之句即是「你為什麼還在等待天堂？」（W-188.1:1）時間可說是小我的無上法寶，它告訴我們，天堂已成了過眼雲煙，是因為我們自甘放棄之故（影射了罪的存在）。小我又說：雖然我們一度放棄了天堂，只要做夠犧牲，為「過去」褻瀆上主之罪付足了代價，「將來」還有贖回天堂的希望的。

(6:4~6) 如果上主願意聖子活在天堂的話，過去與未來便不可能存在。上主的旨意怎麼可能活在過去，或是猶待未來？凡是祂所願之事必然當下即是；既沒有過去，也不會有未來。

若想體驗那種超乎時間的境界，「神聖一刻」是唯一的窗口。就在選擇與耶穌同在的那一刻，我們與上主之愛的裂痕便

隨之彌合，因為耶穌**等於**上主之愛。分裂既然不存在，罪咎懼就無由而生，自然也沒有必要投射出一個由過去、現在與未來構成的世界。故說，再度意識到「上主願意聖子活在天堂」，即回歸永恆的聖愛，唯一窗口就是神聖的一刻。〈正文〉在「千古不易的安居之所」那一節，一開始便如詩一般描述了上主等待聖子回歸的安息之所：

> 你心內有個地方，已把整個世界遺忘，沒有一絲罪的記憶與幻相的痕跡。你心內有個地方，時間早已一逝不返，你只會在那兒聽到永恆的迴響。那是你的安息之所，如此寂靜，只有天父及聖子的歡悅歌聲響遍天堂。那也是祂們的安居之所，你只能在此憶起祂們。祂們所在之處，亦是平安所在的天堂。

> 不要以為你能改變祂們的居所。你真正的「身分」就在祂們內；祂們所在之地，也是你永在之處。天堂的千古不易就在你內，如此之深，即使整個世界擦肩而過，也激不起任何漣漪，留不下一絲痕跡。寂靜無邊的平安，溫柔地環抱著你，如此堅定，如此寧靜，安歇於造物主的懷裡，從此再也沒有一物侵擾得到安息祂內的聖子了。（T-29.V.1~2）

(6:7) 它與時間的距離，就像小小的火燭與天邊的星光那般遙遠，又像你此生選擇的與你真心想要之物那般天壤之別。

這永恆不易的居所才是我們真正的家鄉,「它與時間的距離」已非人類所能理解。因為天堂的光明遠遠超乎世人的智慧,唯有上主創造的一體聖念方能了知那一境界:

> 上主的聖念遠遠超越無常之境,且光輝永照。它無待於誕生,只等著你的接納而憶起它來。上主對你的聖念,有如鑲在永恆穹蒼的恆星,千古不滅。它高懸於天堂之上,自絕於天堂之人自然無緣目睹它的丰采。然而,它依舊寧靜皎潔,光華燦爛,永恆遍照。沒有一時,它不存在,也沒有一刻,它會失去光華而不再完美。

> 知道天父的人,必然知道這一光明,因為天父就是護守光明而遍照千古的浩瀚穹蒼。世人看到與否,絲毫影響不到它的完美聖潔。穹蒼護守著這一光明,輕輕將它托在最完美的位置,使他離人間與天堂等距。
> (T-30.III.8:1~9:3)

隨後幾段,耶穌把小我微不足道的禮物和上主的造化恩典(即莊嚴偉大的基督自性)作了精彩的對比。

(7) 你所營造的怪異世界充滿了怪異現象,比如:變化莫測的存在模式,飄搖不定的目標,以及悲劇式的苦中作樂;除此之外,你其實還有另一選擇,即是天堂。上主不會自相矛盾的。凡是自我否定或是自我攻擊之物,絕非出自祂的創造。祂也不

曾造出兩種心靈，一個讓它享有天堂的幸福結局，另一個只能
承受與天堂完全相反的悲哀人間。

　　這一段可說是對天堂一體不二之境最經典的描述了。那種
善惡對立或天堂人間涇渭分明的世界，絕非上主的造化，那是
我們的妄造、存心把天堂地獄混為一物的伎倆罷了。「悲劇式
的苦中作樂」，一語道盡人間特殊關係的本質：我們原以為能
帶來喜悅的，結果是一齣悲劇；期待會帶來快樂的，竟如此痛
苦。而且，其間毫無緩衝的餘地，耶穌在〈教師指南〉明白點
出了原因何在：

> 不要忘了，犧牲是全面的。沒有半得半失的犧牲。你
> 不可能只放棄天堂的一部分。你也不可能只墮入地獄
> 一點點。上主聖言的作用也是全面的，沒有例外。正
> 是這一特質造就了它的神聖性，且超越三界之上。這
> 一神聖性直指上主之境。（M-13.7:1~7）

　　真理包含一切，否則便不是真理。這對妄念之心而言，簡
直是個噩耗；然而，對我們的正念之心，卻是天大的福音。

**(8:1~3) 上主不受矛盾之苦。他的造化也不會分裂為二。上主已
親自將他的聖子置於天堂內，他怎麼可能陷身地獄？**

　　地獄乃是小我分裂思想體系的產物，充滿二元對立，也必
然引發罪咎懼之後遺症。世界不過是小我思想體系的投影，故
堪稱為地獄的並非這個世界而是小我思想體系，世界只是它

的一抹陰影而已。要知道，上主不僅「不受矛盾之苦」，在祂眼中連錯誤都不存在，更別提邪惡之罪了。知見不屬於祂的層次，因為心外無物，一切只可能存於天心內，因而更不可能知道「祂的造化……分裂為二」，那全是小我編造的故事。上主只有一位聖子，一個不可分割的生命。也因此，每當我們攻擊某人時，等於否定了我們的一體性。〈教師指南〉有一段說得十分精闢：

> 只要你一攻擊弟兄，不論任何原因，救贖便會離你而去。因為這等於重蹈了天人分裂的覆轍。分裂原是不可能存在的，也不可能發生。但你對它篤信不疑，因為你已經陷身於一個不可能存在之境了。在這處境下，所有不可能的事好似都可能發生。（M-13.7:9~14）

(8:4) 他怎麼可能失去那永恆旨意所賜給他的天鄉？

　　這句話等於重申了救贖原則：上主之子不曾離開過自己的生命源頭。這就是為什麼先前談到「上主對分裂的答覆」或「上主的救恩計畫」時，我特別強調這類說法全是比擬性的。若按照文字表面去理解，就會誤解為上主好似真的失落了聖子，還任他沉淪於罪中；而這正是小我要我們相信的謊言。

(8:5~6) 願我們別再設法在上主的唯一目的上硬加些其他古怪的意願。祂就在這兒，因為祂願意在此；凡是祂願意之事，必發

生於當下此刻，不受時間的束縛。

　　上主所在之處，不僅世界無法立足，連分裂的心靈都不可能躋身其間。但上主的記憶仍然存留於聖靈所在的那一部分心靈；故唯有與聖靈結合，才可能看穿世界確實只是幻夢一場。嚴格地說，不是上主與我們同在，而是我們與祂同在。究竟說來，我們始終都與祂同在，因為一廂情願的分裂之夢對實相產生不了任何作用。

(9:1~2) 今天，我們決心不再用一個似是而非之物來取代真相了。上主之子所造出的時間怎麼竄改得了上主的旨意？

　　不少奇蹟學員把這句話解釋成：耶穌的意思是，只有我們對世界的「詮釋」是虛幻的。容我再提醒一次，絕非如此。他所說的「虛幻世界」，指的就是我們這個物質化、時空性以及變化無常的宇宙。不論宇宙多麼壯觀，都不可能屬於永恆無限的上主領域的一部分。〈正文〉對此曾有一段動人的描述：

> 看似永恆的宇宙萬象，終有結束之日。星辰將消逝，日夜不復存在。潮汐消長，四季循環，還有生來死去的生命，以及所有隨時間而推移的萬物，從此一逝不返。時間的盡頭，並非永恆的起點。不論人們把上主之子當成什麼，他的真相永遠不變。他過去如何，現在仍是如此，未來依然如此，因時間操控不了他的命運，更敲定不了他生死的時辰。連寬恕都改變不了

他。然而，時間卻有待你的寬恕，時空內的一切才會
失去作用，從此銷聲匿跡。（T-29.VI.2:7~14）

(9:3~4) 於是，他只好否定自己，故意與那超乎矛盾對立之境大唱反調。認定自己已造出了一個與天堂對立的地獄，而且相信自己就活在那並不存在的地獄裡；天堂對他反而顯得虛無飄渺，無跡可尋。

只要暗地裡還雄心勃勃地想在人間打造天堂，或是夢想在人間尋得天堂的真愛和不朽，我們便與天堂失之交臂了。如今，我們真該向自己的新老師認錯：「謝天謝地，是我理解錯了，你才是對的。我怎麼會荒謬地認為自己活在一個不存在的世界裡，反倒對自己始終都在的世界一無所知？所幸，是我自己看走了眼！」

(10:1) 今天，就把這類愚昧的想法拋諸腦後吧！把你的心靈轉向真實的觀念。

所謂的「愚昧的想法」，包括所有把世界變得真實無比的念頭，例如特殊性之念。所謂的「真實的觀念」，則是指幫我們從世界脫身的觀念，例如寬恕之念。切莫忘記，在「轉向」寬恕之前，我們必須決心放下任何與特殊性相關的想法才行。

(10:2) 凡是存心尋求真理的人，是不可能失敗的，而我們今天所尋求的就是這個真理。

耶穌在此雖沒有明說，卻暗示了，我們總不能一邊尋求真理，一邊追隨處處與真理唱反調的老師吧！若想尋得真理，只能跟隨真理之師。因此，關鍵還是在於「選對老師」。

> 你不能同時向兩位見地南轅北轍的老師學習。他們合教的課程會令人無從學起。他們採取完全不同的教學方法，傳授完全不同的課程；教其他事情也許還說得過去，但他們所教的是關於你的真相。縱然他們改變不了你的真相，可是，你若聽信他們，你對自己真相的看法便從此分裂了。（T-8.I.6:2~5）

也就是說，只有一位導師能為我們的生命真相發言。試問，誰會選擇一位根本不知道我們神聖面目的老師呢？

(10:3) 今天，我們要朝著這一目標練習三次，每次十分鐘；祈願自己得以看見真實世界的來臨，取代我們所執著的無聊幻影；讓真實的觀念取代那些既無意義又無作用、在真理內既無緣起也無實質的一切雜念。

「真實世界」即是連接這個世界和天堂的橋樑，但若想臻至此境，我們必須甘心放棄自己意圖取代天堂的那些「無聊幻影」。為了「這一目標」，今天投入三十分鐘的練習，絕對是值得的。

(11:1~4) 這就是我們開始練習時所要強調的。開始時這樣說：

> 我願看見一個不同的世界，我願想出一個異於自己往
> 昔所造的念頭。我所尋求的世界，不是我個人營造出
> 來的，而我願想的念頭也不是我自己想出來的。

這段話顯然表達了，除非我意識到自己的小我之念，否則
我是不會真心誠意地「願看見一個不同的世界」或「願想出一
個異於……往昔……的念頭」的。為此，當我們向耶穌求助
時，無需為那些念頭內疚或害怕，但也切莫企圖掩護它們，只
需向耶穌坦然承認這些愚昧的想法就行了。等我們操練到得心
應手的地步，自會恍然大悟，無論在幻境或天堂裡，確實只有
一位聖子。「我所尋求的世界，不是我個人營造出來的」，這
一句話不論從小我或聖靈的層次來看都言之成理。

我們真正渴求的是真實世界。下面這段〈正文〉說聖靈
乃是（真實）世界的「大製作人」（Maker），而不說「創造
者」，表示連聖靈的世界都屬於幻相領域。真實世界不是一個
具體的處所，它代表一套和小我背道而馳的思想體系，也代表
了化解小我的力量。而且，選擇其一必須放棄另一；無論我們
選擇小我的黑暗或聖靈的光明、選擇幻相或是真相、選擇錯誤
還是修正，這個決定永遠跳脫不出「非此即彼」這一基本原
理。讓我們一起來讀這幾段〈正文〉：

> 幸好，這世界還有另一位「大製作人」，這位「大修
> 正者」與瘋狂信念同步出現。世界相信：萬物無需與
> 上主之律掛鈎，仍能立足而且運作自如。……這個錯

誤一被修正，它就結束了。這是上主保護聖子的一貫
手法，不論他陷入何種錯誤。

由錯誤而生的世界仍能為另一目的服務，因為它背後
還有一位「大製作人」，祂會將世界的目標協調到造
物主的目的下。

世人全都活在黑暗之中，然而沒有一個是單獨來到這
裡的。他片刻也無需在此繼續蹉跎。因為天堂的那
位「大救助者」就在他內，且和他一起來到人間，隨
時準備領他走出黑暗，進入光明。時間任他選擇，
因「助緣」始終就在他內，等著他的揀選。（T-25.
III.4:1~5:1;6:1~4）

**(11:5) 觀察自己的心態幾分鐘，即使眼睛是閉著的，你想到的
那個荒謬世界仍然顯得真實無比。**

　　這種教學法一定會讓讀者聯想起〈練習手冊〉最前面幾課
的類似解說。到了下一課還會進一步澄清：無論我們的眼睛是
睜開還是閉著，其實毫無差別，反正外在世界只是分裂和罪咎
之念的投影；就算閉上眼睛，我們仍能意識到那個世界的。

(11:6) 再檢視一下與這個世界沆瀣一氣而且被你當真的念頭。

　　我們不只需要檢視外境或人際關係，更要特別留意藏身其
下的特殊性和罪咎之念；因為那些念頭和眼前世界根本是**同
一回事**。

(11:7~8) 然後，將它們一起拋諸腦後；讓自己沉潛到那些妄念之下，去到它們無法侵擾的聖地。在你心裡的諸般雜念之下有一扇門，你是無法全面封鎖那隱藏在門後的真相的。

那一扇門直接通往正念之心，而寬恕即是開啟幸福之門的金鑰。在這個穿越的過程中，須臾勿忘耶穌，只有在他的陪伴下，我們才敢正視小我的世界，包括它的思想體系以及投射出來的世界萬象。要知道，特殊性念頭不論多麼愚昧，仍能藉著層層罪咎和怨恨來掩蓋正念所在的聖地。幸運的是，正念之心也不容小覷，它遲早會帶我們回家的。

(12:1~3) 把那扇門找出來吧！在你開啟它之前，不妨先提醒自己：凡是存心尋求真理的人，絕不會徒勞無功的。這就是你今天的祈求。

再說一次，穿越「那扇門」時，莫忘耶穌的帶領，只因小我不斷恐嚇我們：一踏入那扇門，你必會死無葬身之地。也正因如此，耶穌才會再三保證穿越之後的幸福結局。可還記得先前的課文中，有這麼一句話：「你認為自己被毀滅了，其實你已得救。」（W-93.4:4）因此，穿越那扇門，可說是小我的終結，卻不是我們的末路，明白這一結局，我們才敢接受世界沒有希望的事實且鼓起勇氣尋找那一扇門。世界確實徹底的虛無，我們永遠不可能在此找到真正的幸福、平安和喜悅的。為此，耶穌不斷勸勉我們，務必信賴心內那位神聖導師。如同下面這段引言，不只是提醒，還帶給我們莫大的安慰：

只有上主能夠領你一探究竟〔即遠在小我的迷魂陣之外的真愛〕，只要你真心願意跟隨聖靈，穿越那看似凶險之地，且信任祂絕不會遺棄你。祂絲毫沒有嚇唬你的意思，只有你最愛嚇唬自己。恐懼一出現，你就忍不住想要棄祂而逃；而祂卻一心想帶你度過難關，更上一層樓。（T-18.IX.3:7~9）

只要清楚地意識到，自己所跟隨的嚮導確能指引我們逐漸穿越恐怖的迷魂陣，我們便會毫不遲疑地捨棄小我而選擇「另一嚮導」──聖靈，祂會引領我們踏上真理之境的。

(12:4) 如今，只剩下這一個有意義的目標了；如今，你不再重視、也不去追求其他目標了；門前的一切均非你真心想要的，你所尋求的乃是門後的真相。

真的，我們迫切需要耶穌不斷提醒自己的真實目標，因為在這一階段，必然會有極大的引力將我們拉回身體的世界。比如說，莫名所以地冒出自我憎恨的念頭、不是讓自己生病就是令別人不好過、時不時掉回「批判」的習性，如此，真相便被掩藏於特殊性下了。說穿了，這些抵制伎倆真正的目的，就是防止我們與耶穌結伴而行。我們愈接近這扇門，小我就會提高分貝：「堅持下去，為自己的個體價值奮鬥到底！」因為此刻最受威脅的，莫過於一心想要與眾不同的自我感了。由此可知，我們若無法徹底看破自我的虛妄，是不可能把耶穌和本課程所指向的人生目標認真看待的。

(13:1) 伸出你的手來，你就會發現，只憑你一個穿越的意念，這門便會應聲而開。

換句話說，你會暢行無阻，如入無人之境。耶穌在〈正文〉也說過，罪在我們眼中好似銅牆鐵壁，難以越雷池一步。其實，只要你轉變了目的，換個老師，輕輕一推，這座罪惡之門便應聲開啟了。跨進門後的你，回頭一望，才發現原來並沒有什麼銅牆鐵壁。也就是說，你每過一關，那個關卡霎時便消失了蹤影，因為它們不曾真正存在過。只有在罪的幻覺夢境內，它們才顯得堅實無比。但這種「現實」完全經不起聖靈的理性光明一照，瞬間就被驅散得無影無蹤：

> 罪好似門禁森嚴的一道門檻，堵在平安道路上，不僅大門深鎖，且無鑰匙可開。來到門前的人若無理性相助，是不敢硬闖過去的。在肉眼裡，罪這道門檻硬如花崗，堅實無比，只有瘋子才會企圖闖關。唯有理性能一眼看穿它的底細，認出那不過是一個錯誤。不論錯誤隱藏在哪一種形式下，都掩飾不了它在理性眼中的虛無本質。（T-22.III.3:2~6）

(13:2) 天使會為你照亮前程，所有的黑暗會自行隱退，你頓時立於晶瑩剔透的光輝下，一目了然眼前的真相。

我們不只對眼前的種種「一目了然」，而且轉眼就忘了先前所見的一切。因為到了這一步，小我已經知趣而退，自然沒

有什麼值得記憶的。寬恕的天使就這樣驅散了所有罪咎及判斷的陰森魅影。讓我們一起重溫這一段引言：

> 天使慈愛地在你頭上飛翔，不容罪的陰暗念頭侵入，為你護守那已進入你內的光明。你的足跡會照亮整個世界，因你所到之處，寬恕欣然相隨。（T-26. IX.7:1~2）

(13:3) 也許你還會驚愕片刻，但很快的，你會恍然大悟，其實你早已知道眼前的光明世界所反映出來的真相；即使在流浪的夢中，你也不曾完全遺忘。

這段話又讓我們想起先前引用過的「遺忘的歌曲」，它動人地描述了人心隱藏的記憶，終會將我們領回自己從未忘懷的真相。原來，我們始終「安居於上主的家園，只是在作一個放逐之夢而已」（T-10.I.2:1），還有這一段〈正文〉，大家或許仍記得：

> 你並不住在這哀傷的世界，你活在永恆裡。你只是在夢中流浪，其實你安居家中。（T-13.VII.17:6~7）

(14:1~4) 今天，你絕不會失敗。上天派遣了聖靈與你同行，你終有一天會抵達這扇門前的。藉祂之助，你會輕鬆過關而匯入光明之境。今天，這個日子已經來臨。今天，上主對聖子的千古許諾已經應驗了，聖子也憶起了他對上主的承諾。

耶穌在「秘密的誓約」那一節的末尾也提到聖子對天父的
承諾：

> 天父在創造他時說過：「你是我的愛子，我也永遠
> 是你的至愛天父；願你像我一樣完美，而且與我永
> 不分離。」上主之子就是從這個承諾誕生的，雖然
> 他已不記得自己曾答覆過：「是的，我願。」（T-28.
> VI.6:4~6）

我們發誓永遠和造物主一體不分的這份承諾，足以推翻小
我企圖分裂的秘密誓約——那個分裂誓約早已從天人關係一直
延伸到你我關係中。幸好，聖靈為我們保存了更古老的承諾，
等待著我們的心靈在真理之光中甦醒。

**(14:5) 這是值得高興的一天，因時辰已至，我們會在上主預定
之處尋獲你畢生追求的目標；你在人間所有的追尋就在你通過
這扇門之際一併告終了。**

言下之意，正念之心會和妄念之心一併消失的；完成修正
之後的正念世界也會隨著整個知見世界同時隱退。如同〈詞彙
解析〉「正見—真知」那一課裡，為我們描繪出妄念和正念的
幻境一併消失於自性祭壇的光輝結局：

> 如今，上主那不變、肯定、純淨而且人人能懂的真
> 知，終於回到它自己的國度。知見，不論是正見或妄
> 見，都已經過去了。寬恕也過去了，因為它完成了任

務。身體也過去了，消失於那獻給上主之子的祭壇的
燦爛光明中。（C-4.7:1~4）

**(15:1) 你要隨時記得，今天是一個特別值得高興的日子，你應
盡量遠離各種令你不悅的念頭及無謂的感傷。**

耶穌要我們今天特別留意「不悅的念頭及無謂的感傷」，
還有我們用來掩飾它們的特殊之愛。我們必須把隱藏的小我之
念（不論是愛還是恨）看得一清二楚，耶穌才可能教我們如何
放下它們。但如果我們根本意識不到它們的存在，哪有釋放的
可能？否認或壓抑，絕非健康的修行途徑。為此，這幾課再三
叮囑我們，務必揪出心裡隱藏的無謂感傷及不悅念頭，才有機
會選擇另一首旋律來取代小我的悲歌。這個選擇成了療癒的契
機，一如〈心理治療〉所言：

> 唯有當病人開始聽到自己所唱的輓歌，敢反身質問它
> 的真正用意時，才有療癒的希望。然而他必須先親耳
> 聽到，才會聽出那輓歌哀悼的竟是自己。聽到那首哀
> 歌，才算是踏出了康復的第一步。反身質問，成了康
> 復的一種決定。（P-2.VI.1:5~8）

**(15:2~7) 救恩的時辰已至。今天是上天親自為你和世界制訂的
天恩佳節。你若忘了這快樂的事實，不妨這樣提醒自己：**

> **今天我要追尋並且找回我想要的一切。**
> **只要目標專一，我的追尋不會落空。**

尋求真理的人，絕不會徒勞無功。

　　看到耶穌不厭其煩的提醒，我們不難體會出，覺察自己根本不想說出本課的提示語才是練習的關鍵點。也因此，只需承認自己心內有一部分始終在抵制那「可怕的」真理，因為它會奪走我的特殊性，如此就行了。為此，在複誦提示語之前，不妨好好覺察小我害怕失落的「真理」，耶穌才能幫助我們寬恕自己暗中想要選擇小我來取代耶穌這類特殊念頭。換句話說，我們得先寬恕自己內心抵制真理的傾向，真理才有機會再度浮現於心靈。跨過這一關後，我們便會欣然發現，不論自己多麼想推開耶穌，也毫無影響，因為他哪兒也沒去；幸運的是，我們也哪兒都沒去。既然沒有任何後遺症，分裂之罪便失去肇因的作用，既無肇因，自然不可能有任何後果。由此推論下去，罪既然不存在，也就沒有寬恕的必要了，這才是終極的真相。故選擇寬恕，意味著我們開始尋找自己真正想要的東西了。只要「目標專一」，我們絕不會空手而返的，因為「尋求真理的人，絕不會徒勞無功」。

第一百三十二課

我要把世界由我所認定的模樣中釋放出來

　　這又是〈練習手冊〉極其關鍵的一課，因它闡明了世界的虛幻本質，以及世界和心念的鏡像關係。大家也許還有一些印象，〈練習手冊〉前期的練習比較強調「我的念頭」和「我所見的世間百態」之間的關聯。這也是本課強調的主題，只是理論性更強，也更深刻切入我們的存在真相。

(1:1) 除了你的信念以外，還有什麼束縛得了世界？

　　通常，我們會感到處處受制於外境，但其實這種受害感並不是世界所引發的，而是心中的信念造成的。我們很快就會讀到，世界既然什麼都不是，這樣的虛無又怎麼可能束縛得了我們？只因心靈賦予了世界這一能力，故我們也只會在心內受到束縛。本課開篇第一句，便已預告了全課即將深入的主題。

(1:2) 除了你的自性以外，還有什麼拯救得了世界？

　　我們的自性不存在世界裡，只活在心靈內，故唯有透過自性的象徵（聖靈），我們才能憶起自己的真實身分。由此可知，世界的得救絕非仰賴某個特殊人物，而是憑靠我們憶起基督的一體生命或無形無相的一體自性。寬恕便是憶起這一真相的途徑，也可說是世界得救的道具。

(1:3~4) 信念的能力確實可觀。你心中的想法具有強大的能力，幻相所導致的後果和真相一般強大。

　　我們看到耶穌在此重述了第十六課的主旨「我的念頭沒有一個是中性的」（W-16）。念頭在夢中確實有造境的能力，它不僅能令我們昏睡下去，還能讓我們相信夢中的「現實」。〈正文〉曾進一步深入探討：

> 如此說來，思想豈不是萬分危險的東西？對身體而言，確實如此。（T-21.VIII.1:1~2）

　　只要我們與身體認同，念頭便有呼風喚雨的本事，無論是天堂或地獄，一切操之於一念；我們選擇什麼，它就成了我們的存在現實。

(1:5~6) 瘋狂的人認定自己眼中的世界千真萬確，且堅信不疑。你若質疑他想法所導致的後果，他絕不會為之所動。

　　耶穌所說的「瘋狂的人」，並不是指那些經過臨床診斷而被關在精神病院的瘋子，他是在說我們所有的人，因為我們全

都相信眼前的世界是真實的。縱然我們的理性已接受《奇蹟課程》或其他靈修學派的薰陶，心底卻始終相信自己這具身體不僅真實而且十分重要，因而不斷要求同樣真實的世界來滿全它的願望。我們在前兩課引用過一段有關錯覺幻想的引言（T-20. VIII.7:3~7），我們再讀另一段〈正文〉的解說：

> 如果你認定某人真的存心攻擊你、遺棄你或欺壓你，
> 你就會當真，並且反擊回去，如此一來，他的錯誤對
> 你便會顯得更加真實。分析他人的錯誤，等於賦予錯
> 誤力量，一旦如此，你就再也看不見真相了。……你
> 如此大費周章，顯然是為了證明自己有能力了解眼前
> 的事物。實際上，你只是根據自己的詮釋自以為是地
> 反彈回去而已。（T-12.I.1:7~8;2:2~3）

我們真的認定他人和世界就是我眼前的模樣，而且堅信不疑自己的看法，殊不知，那正是瘋狂傲慢的小我在背後作祟。

經常接觸精神病患的專業人士都會告訴你，再專業的醫生也無法令患者相信他自己那一套邏輯推理都不是真的。你愈想說服他，他愈緊抓自己的幻覺，還會將你視為敵人，隨時都想陷害他。眾所周知，「敵人」，一向是妄想症不可缺的一個角色。其實，全世界的人都已淪落此境。我們不也同樣不甘心接受「此生所經歷的一切全都出於自己的想法」這類說法，更不願相信我們活在人間的目的其實就是為了否認這一事實。如果真能意識到眼前的結果全是出於自己的想法，那麼改變心念也

就理所當然了。問題是，我們並不想意識到這一事實，而寧可活成無辜的受害者，因為唯有如此，才能反過身來指控世界。那麼我們還有改變的可能嗎？而小我便因此高枕無憂了。

(1:7) 唯有從那些後果的起因去質疑，他才有解開這一枷鎖而重獲自由的可能。

如今，耶穌送來一部《奇蹟課程》，目的即是恢復我們的自由，並且要我們將這自由帶給世界。這讓我想起偉大的哲人蘇格拉底，他鼓勵雅典人質疑自己的信念；值得注意的是，他從不直接答覆問題，而是引導人們質疑自己視為天經地義的種種假定。當時這種哲學反思蔚然成風，最終導致官府出手壓制，不僅將這位哲學偉人置於絕路，也一舉熄滅了質疑的精神和探究真相之呼聲。

耶穌在〈正文〉第二十四章的「導言」中曾告訴我們：「要學習本課程，你必須自願反問內心所珍惜的每一個價值觀。」（T-24.in.2:1）他並沒有要我們放棄自己的價值觀，包括我們的特殊性，只是鼓勵我們勇於質疑「我的想法一定是對的」這種心態，逐漸向心內那位導師開放，承認祂更明白世界的真相，僅此而已。不消說，我們若還沒準備好為自己的小我負責，怎麼可能反身質疑？如果我們相信一切全是別人加害於我的，自然不會甘心為夢中一切經歷負責。因此，若真想學習本課程，第一步就是承認一切問題的源頭只在心內，不在外面。這其實就是寬恕的第一步，開始質疑心內所有的想法，這

一示範足以鼓舞他人和我們一起質疑，和我們一起重新選擇。讓我們溫習下面這一段〈教師指南〉的教誨：

> 上主的教師就是為這一類人而來的，他們代表了這些人早已遺忘的另一種可能性。上主之師的臨在本身只是一種提示而已。他的思維方式等於向病患信以為真的想法提出一種反問的權利。（M-5.(三).2:1~3）

療癒便是從這種質疑精神開始的，這也是自我解放的唯一途徑。

(2:1) 其實，救恩並不難獲得，因為任何人都有改變心念的自由，他的想法自然隨之改變。

「改變心念」，和改換老師是同一回事，意味著自己終於願意改變想法了。若以小我為師，心心念念都跳脫不了罪咎懼、痛苦、攻擊及死亡；若以耶穌為師，念頭便會轉向寬恕、平安和療癒，小我也會隨之銷聲匿跡。任何人都能作出這一選擇的，因為這個選擇無需仰賴外力或外境。不論你陷身於集中營、貧民窟或監獄，或者屬於特權階級，乃至奄奄一息地躺在病床上，都可以改變心態而寬恕一切的。身體健康與否或世界局勢如何，和自己的得救一點關係都沒有，完全只看自己作何想。但在此之前，我們得先意識到自己原有的那套想法很可能錯了才行。縱然不清楚錯在何處，只要承認自己的想法可能有問題，便有轉機了。

(2:2～4) 如今，念頭的起因已經開始鬆動了；因為改變你的心念，意味著你已改變了造成你現在、過去或是未來所有想法的那個源頭觀念。你已把過去由往昔的想法中釋放出來了。你也把未來由那慫恿你追尋自己並不真想得到之物的遠古思維中解放出來了。

這種解放與自由，最終就看我們選擇以誰為師了，小我或聖靈？罪咎或寬恕？兩者皆存於心中。故要解放過去的一切，只能從心內下手，這是整部課程最關切的焦點。

上述這段課文又重述了前一課的觀念：眼前發生的一切，只是遠古分裂之念的延伸與重現而已，而線性時間純屬幻覺。在個人層面，我們全都感受到聖子的原始決定遺留下來的陰影。過去和現在所感受到的是同一回事，因為夾在中間的時間並不存在。小我之所以打造時空世界（過去、現在、未來，以及形形色色的人物），就是企圖在「無始之始所作的決定」和「後續衍生的分裂思想體系」以及「目前現實生活中的矛盾衝突」這三者之間，插入一個縫隙，將它們間隔為三段時空。《奇蹟課程》的目的則是縮小這個間隔差距，難怪耶穌在〈正文〉一開始便說了，奇蹟能為我們節省時間，瓦解時間的差距，縮小「因」和「果」的距離。「因」就是原初我們選擇小我取代聖靈的那一決定，而「果」則是活在肉體之我所經歷的一切痛苦，你我之間的隔閡感正是這一間隙造成的。這段課文十分重要，我再引述一段與此相呼應的〈正文〉，它重申了奇

蹟最大的功效即是為我們省下百千萬劫的罪咎與痛苦：

> 奇蹟把時間的需求降到了最低的程度。……〔它〕能
> 使人的知見瞬間由橫向一躍而為縱向。這一躍，為施
> 者與受者引進另一種時間序列，使他們加速超前，跳
> 過原本需要歷經的人生劫數。因此，奇蹟具有廢除時
> 間的特殊功能，讓人不再浮沉於時間的洪流裡。行一
> 個奇蹟的時間與它的影響所及的時間毫不相干。奇蹟
> 足以取代千百年的學習過程。這是因為奇蹟凸顯了施
> 者與受者之間完美的平等性。奇蹟之所以能幫你縮減
> 時間，在於它有摧毀時間的能力，故能為你消除某些
> 人生劫數。然而，它必須在更廣的時間序列中成就此
> 事。（T-1.II.6:1,3~10）

　　我們在研讀《奇蹟課程》時，需要特別留意耶穌遣詞用字
的深意。例如他在本段課文所用的「遠古」一詞，就是想將我
們從狹隘的時空經驗抽離而出，拉回到那發生於遠古又不離**當
下**的心靈。「遠古」的記憶包含了兩種經驗，一是我們為了自
己的存在而不惜毀滅天堂的**悔恨**，一是化解千古之恨的**救贖**。

**(3:1~2) 如今，只有當下這一刻才是唯一存在的時間。世界只可
能在當下此刻重獲自由。**

　　世界一直被囚禁在我們所認同的小我思想體系內。我們
為了投射小我的罪咎懼，才衍生出過去、現在和未來的線性

時間。「當下這一刻才是唯一存在的時間」，指的就是神聖一刻，它不屬於世間任何經驗，僅僅意味著我們的焦點已經不再盯著自己或別人的形體，開始轉向新的老師了：

> 聖靈與小我的時間觀顯然南轅北轍。原因也十分明顯，因時間在雙方眼中具有截然相反的目的。在聖靈的詮釋之下，時間是為了解除你對時間的需求。……因此祂只會重視能夠延伸至永恆的時間，而「現在」可說是人間最貼近永恆的時間了。（T-13.IV.7:1~3,5）

當我們與聖靈同在時，是不可能與上主之愛分離的。正因為小我的罪咎懼思想體系無法在聖愛中立足，我們自然也無需打造一個世界來保護那套體系了。世界就這樣在**當下**的神聖一刻重獲自由了，因為世界不可能出現於神聖一刻的。〈正文〉也這麼說：「身體連一刻都不曾存在過。」（T-18.VII.3:1）身體無法存在於神聖一刻，因為身體只是小我分裂思想體系的化身（W-72.2:2），它必會隨著小我而一逝不返。這也是世界必然的結局，因它和身體一樣都不曾存在過，都是為了小我的分裂目的而打造出來的。

(3:3) 當你揚棄了過去，又把未來由古老的恐懼中釋放出來以後，你不但找到了解脫，也為世界打開了一條生路。

我們既已熟悉「世界並不存在」這個概念，自然不會給根本不存在的世界任何東西，更別提給它「一條生路」了。世界

屬於心靈的一部分，而上主之子只有一個心靈，為此，耶穌不勞我們去宣講或傳播他的學說，更無需為《奇蹟課程》建立一個教會。因為他所傳遞的聖言只是說給一個人聽的，就是你這位讀者。由此可見，我們只需全面認同聖言中的救贖原則，重申我們是聖子奧體，世界便痊癒了。世界就是這樣得救的！因為「當我痊癒時，我不是獨自痊癒的」，等我們進入第一百三十七課時，我再詳細解釋其中深意。

　　總之，切莫被文字表面誤導了，耶穌並沒有要我們「為世界打開一條生路」之意，否則就違反了《課程》的基本教誨。這句話的真義是：世界存在我們心內，打從我們開始認同小我，世界便一直活在生病的心內，這是世界顯得如此病態的原因。但只要我們選擇那位神聖的療癒之師，心靈就會自然痊癒，聖子奧體也隨之痊癒。因為分裂既不復存在，世界也不可能存在，世界就解脫了。唯有如此，世界才會溫柔地痊癒，然後溫柔地隱退：

　　試問，一個缺乏存在之因的東西豈會有真正的結束？世界怎樣由幻覺中誕生，也會怎樣在幻覺中結束。然而，它的「結束幻相」必然充滿了恩慈。它會籠罩在一個全面徹底、無所不包、無限祥和的「寬恕幻相」中，掩蓋了所有的邪惡與罪孽，一切罪咎也就至此告終了。由罪咎交織而成的世界也就跟著結束了，因它如今已失去了存在的目的，只有銷聲匿跡一途。……

世俗的思想體系一旦徹底扭轉過來，世界就此結束
了。（M-14.1:1~5;4:1）

世界必會在喜樂、平安、歡笑中結束，會在祝福中離去
（M-14.5:1~8）。

(3:4~5) 你一直都在奴役這個世界，你以所有的恐懼、疑慮及煩惱，痛苦及眼淚，以及你烙在世上的哀傷，使世界淪為你信念的階下囚。它隨時隨地都在承受死亡的打擊，只因你心中懷著死亡的悲戚之念。

耶穌再度把焦點拉回心念上。畢竟，恐懼、疑慮、煩惱和痛苦只可能存於心內，沒有一個不是出於這一信念：「我若要存在，不能不除去上主。」正因我的存在價值超乎一切，這是我生存的首要目標；為了維繫我的存在，我必然痛下殺手。故「自我中心」可說是罪的精魂，為了保護個人的存在價值而大開殺戒，這種心態可說是血淚人生的開始。

死亡乃是小我思想體系之始，也是它的結局，因我相信自己謀殺了上主，上主必會反身報復而毀滅我。可還記得前文說過，這是小我捏造的神話，在神話裡什麼都可能發生，包括了上主死而復生。由妄念生出的世界就是根據小我的邏輯而展開的，只需看看坊間流行的恐怖電影，便不證自明。由於死亡是小我劇情的高潮，自然也成了每個人的生命高峰。這是必然的，因為世界只是心念的投影，這是本課一再強調的重點。如

果心靈充滿分裂、罪咎懼和死亡，它投射出來的世界自然也遍佈分裂、罪咎懼和死亡。下面這段引言，為我們描述了小我如何陰險地利用時間，將我們的身體推向死亡的高潮，將靈魂打入永不見天日的地獄：

> 凡是與小我認同的人，不會不相信地獄的存在。他們
> 所有的夢魘及恐懼都與這個信念脫離不了關係。小我
> 告訴他們，地獄是他們未來的結局，它所有的教導都
> 遙指這個方向。……時間在小我的手中顯得多麼陰暗
> 而令人絕望。小我何其恐怖！它狂熱地宣稱過去與未
> 來必然如出一轍，這一信念威脅得你坐立難安。……
> 然而，相信罪咎的人，不可能不相信地獄的存在。小
> 我為了讓人經驗到地獄的恐怖，必先把地獄帶到此時
> 此地，讓人預嚐未來的可怕。沒有一個相信自己必受
> 天譴的人，會認為自己逃避得了地獄的永罰。（T-15.
> I.4:1~3;6:1~3,5~7）

　　在這瘋狂險惡的思想體系內，必然充滿罪咎懲罰和死亡的陰影，毫無出路可言。任何生機或希望只可能出現於妄念思想體系之外，因此，唯有正念之心才能帶我們一舉超越小我的思想體系及其世界。

(4:1~3) 世界本身是徹底的虛無。必須靠你的心靈賦予它意義。而你在世上所看到的一切，都是按照你自己的意願而呈現的模樣，為此，你不只會親眼看到它存在，還會信以為真。

　　這句「世界本身是徹底的虛無」，不能說得再明確了！因世界只是虛無之念的投影，或者，不如說世界是從虛無之念誕生的幻影。然而，唯有接受那代表圓滿上主之境的神聖老師，和他一起升至虛無世界之上，我們才可能明白這一切究竟是怎麼一回事。活在瘋狂身體內的人，面對瘋狂的人生，必會認為那正常得很，只因他對真相一無所知。為此，耶穌才會不斷呼喚我們與他結合，才能一路平安地越過小我的重重關卡：

> 你只要與我結合，小我便無法從中作祟，因為我已徹
> 底棄絕了小我，不可能與你的小我同流合污。因此，
> 我們的結合便成了你棄絕小我的捷徑。我們共有的真
> 相也非小我所能動搖。（T-8.V.4:1~3）

(4:4~5) 你也許會想，你從未造過這個世界，你也不是自願地來到這個在你出生以前就已形成的世界，它哪裡需要你的想法來賦予意義！其實，當你來到此世時，你所看到的確實是你想要看到的。

　　我們之所以會以天真無助又脆弱無比的嬰兒形態誕生人間，就是想向世界控訴：「我怎麼會到這兒來了？這不是我的選擇！」人類在受孕之初，心靈便被覆上一層失憶的面紗，企圖遺忘自己投胎的初衷，即：「我要存在，但不想為我這生命的出現負責。」就是這一念孕育出我的有形身體。而分裂思想體系的另一傑作（世界），好似出現於我誕生之前，自然也存在於我的心靈之外；它根據我此生的劇本，十分盡職地配合我

的演出。

　　儘管人類普遍都有我「不是自願地來到這個……世界」的感受，其實，那正是我們投胎人間的目的——為特殊的自己打造一個家園，這個家必須提供我們充分的藉口，把自己誕生於此的責任推諉於外。如此我才能向上主說：「我終於存在了，但不是我的錯！我的生命始於我的父母，跟當初想與祢分離的決定沒有任何關係。」總之，我們來到此世的目的純粹是為了證明自己的無辜以及弟兄的罪過，難怪我們會對四處蒐集來的證據這麼當真。

　　通常而言，〈練習手冊〉不像〈正文〉那樣深入形上理念，因為它另有教學目的。然而，這一課卻一反常態，切入《奇蹟課程》的基本理念。令我們回想起耶穌在〈練習手冊〉一開始便強調：〈正文〉的理論基礎賦予了每課練習的意義（W-in.1:1）。在本段課文中，我們確實目睹了《奇蹟課程》的理論基礎，雖然只是點到為止。

(5:1) 沒有一個世界不是出自你的願望，這正是你最後的解脫關鍵。

　　世界告訴我們，解脫只可能來自世界，實則不然，解脫全憑這一認知：世界是依據我們的夢想打造成形的。可還記得〈正文〉論及知見世界的那句話：「它只是賦予你的願望一個有形圖像或具體形相，使你的夢想儼然如真。」（T-24.

VII.8:10）由此可知，若想解脫，我們只能從自己的心念下手，因為只有自己才有轉變心念的能力。活在世界上的我們，永遠控制不了自己的身體或其他形體怎麼對待我們，但我們絕對有能力控制自己的想法，而這可說是人類唯一擁有的能力。

> 「決定能力」乃是困在世界的你所剩下的最後一點自
> 由了。你是有能力下定決心去正確看待世界的。（T-
> 12.VII.9:1~2）

下定決心「正確看待世界」，等於決心接受「世界只是我們的秘密夢想的投影」這個事實。

(5:2) 只要你從心裡改變自己想要看的，整個世界必會隨之改觀。

這兒說的「世界」並非指外在這個世界，而是它的肇因——存於心內的那個世界。下面這段引言為我們描述了一旦心靈認同罪咎，隨之呈現眼前的恐怖世界：

> 你所學的若是「上主之子有罪」的課題，結局就是
> 你眼前的世界，一個充滿恐怖與絕望的世界，毫無
> 幸福的希望可言。你所設計的安全大計，沒有一個
> 保證有效。你渴望的幸福，也無法在此找著。（T-31.
> I.7:4~8）

反之，我們若轉而認同無罪之念，呈現於眼前的便是一個

不再有指責、攻擊或痛苦的世界：

> 那教你認出上主之子清白無罪的課題，結果必會帶給
> 你一個一無所懼的世界，閃爍著希望的光輝，充滿了
> 溫情。（T-31.I.8:1）

　　耶穌在這兒說得再清楚不過了。外在的世界未必會改變（通常不會改變），但絕對會改變的是我們對世界的看法或感受，因為我改用新老師的眼光去看待它了。「**投射形成知見**」，只要真往心內看去，不難看清外在一切確實是自心的投射。總之，我若拜在「有罪之師」小我的門下，放眼一望，必是一個充滿判斷的世界，於是，罪過、責備、愧疚、痛苦與死亡便成了不可避免的結局。反之，我若追隨「無罪之師」耶穌的教誨，眼前的世界再也不見罪責或懲罰的蹤影。我們便能領悟上主真的只有一位聖子，外表雖然分裂為億萬碎片，卻依舊享有同一需求與同一目的。於是，始終著眼於個別利益的小我知見逐漸轉為耶穌的慧見，並且以救贖為此生唯一的目標。

(5:3~4) 觀念離不開它的源頭。這是本書〈正文〉中反覆重申的主題；你若想要了解今天的課程，必須記住這一觀點。

　　耶穌重申了《奇蹟課程》的關鍵原則，唯有正確理解這一原則，才可能領會奇蹟三昧，並理解本課的深意。本課再次強調：那充滿痛苦和死亡之念的世界，不曾離開過心內的罪咎源頭。小我卻不以為然，它堅稱有罪之念**確實**離開了源頭，並

且打造出一個真實無比的有罪世界，不只獨立於小我之外，還獨立存在於心靈之外。然而，耶穌的觀點恰恰相反（T-23. I.2:7），我們看到的外在世界，其實是自己內心早已當真的那個世界的投影而已。既然外在的投影須臾不離內心的源頭，不就等於外在世界其實並不存在嗎？那麼，也就沒有拯救世界的必要了。故「**觀念離不開它的源頭**」和「**投射形成知見**」可說是兩個相互呼應的平行觀念。我們再讀一遍早已耳熟能詳的一段引言：

> 投射形成知見。你眼中的世界，全是你自己賦予的，如此而已。……它是你心境的見證，也是描述你內心狀態的外在表相。一個人如何想，他就會如何看。為此，不要設法去改變世界，而應決心改變你對世界的看法。知見是果，不是因。（T-21.in.1:1~2,5~8）

(5:5~6:1) 你眼前的世界是你營造出來的，只要改變你的心意，世界就會隨之改觀；這種說法絕非出自傲慢。

辯稱你所在的世界與你自身根本是兩回事，它不受你想法的牽制，與你心中認定的世界也毫不相干，那才是傲慢。

謙遜和**傲慢**是《奇蹟課程》經常提到的議題。一般而言，「世界是我們打造的」這種說法聽似極度傲慢，聲稱「我們打造不出世界」才算得上謙虛。然而，耶穌卻把這種普遍的認知顛倒過來，另給我們一套和小我（或世界）思想體系截然相

反的觀點。他說，承認世界是自己打造的而且它只存於一念之中，這不僅不是傲慢反而是一種謙虛。原因就是「**觀念離不開它的源頭**」，分裂世界這一念始終沒有離開分裂心靈那個源頭。為此，當我們的心靈從小我的罪咎轉向耶穌的寬恕時，我們對世界的感受不可能不隨之轉化的。

　　傲慢的心靈必會說：「外面真的有一個世界。」因它肯定了自己的想法，並且反襯出上主那一套說法才是錯的。瞧瞧我們在天堂外打造出來的世界，那正是我們最引以為傲的成果——世界的存在證明了我們確實擁有毀滅真相的能力。其實，上主天心之外空無一物，更不可能存在一個獨立其外的宇宙。問題是，我們全都堅信不疑世界存在於我之前，而且毫不受我的想法所左右；我離世之後，它依舊存在下去。這種思維方式純粹出自於牛頓物理學說的宇宙模型，而量子力學則推翻了傳統物理觀，推測世界乃是意識或信息的產物。《奇蹟課程》則更進一步點明：那個基本信息就是虛幻的罪咎感。

(6:2~3) 世界根本就不存在！這是本課程一直想要傳達的中心思想。

　　短短一句，還特別用了一個驚嘆號，充分表明了這一觀念乃是理解、操練和學習這部課程的關鍵。確實，這可說是耶穌教誨中最重要的觀念了，但也最常遭人誤解。奇蹟學員為了維護自身的存在，往往試圖扭曲這句話的真義，淡化它的極端性。他們會說，耶穌的意思是，只有我們**看到**的世界是虛幻

的。這種說法和小我的妄念體系如出一轍——物質宇宙本身不只真實而且屬於上主的推恩。

　　為此，耶穌在整部課程裡不但點出我們的錯誤知見，並且藉機闡明他的正念體系，也就是「本課程一直想要傳達的中心思想」：世界，乃至整個宇宙，都屬於小我的防衛措施，目的就是找到一個「上主無法插足之地」而藏身其中（W-PII.三.2:4）。不僅如此，世界還有一個更大的陰謀，就是企圖掩蓋天堂那圓滿和永恆不變的本質。可以說，這個物質性的時空宇宙，方方面面都和天堂的本質相反，就是存心證明一體不二之境乃是幻相，二元幻境才是真相。這個重要至極的觀念，在《奇蹟課程》中不知出現過多少次，我隨手便可舉出具有代表性的三段：

> 你眼前的世界只是一個幻相而已。上主從未創造過這樣的世界，因為祂的創造必是永恆的，如祂自身一般。然而，你眼前的世界沒有一物是永世長存的。也許有些會比其他東西持久一些。然而，時辰一到，一切有形之物都有個結束。（C-4.1）

> 看似永恆的宇宙萬象，終有結束之日。星辰將消逝，日夜不復存在。潮汐消長，四季循環，還有生來死去的生命，以及所有隨時間而推移的萬物，從此一逝不返。時間的盡頭，並非永恆的起點。（T-29.VI.2:7~10）

> 上主之律無法直接運行於知見統治的世界，因為這樣
> 的世界不可能出自天心，知見對天心而言也毫無意
> 義。（T-25.III.2:1）

《課程》說得如此明確，為什麼奇蹟學員還會動輒否認這
一真相呢？答案就藏在小我那不可告人的隱衷裡：世界若是一
個幻相，那麼，我的身體一定也是幻相，那豈不表示由肉體
與心理打造的「我」也是虛幻的！難怪，耶穌不時反問我們，
正在閱讀這部課程或是操練這些原則的「**我**」究竟是誰：「活
在世界上的那個『你』究竟是誰？」（T-4.II.11:8）不消說，
答案絕對不是我們平素認定的這個**我**，而是心內的抉擇者——
編織夢境的夢者，而非有名有姓的夢中人。如果說連世界都不
存在，**我**更不可能活在這兒了。為了挽救自己的身分，小我必
須辯稱世界不只真的存在，它還能與造物主聲息相通。難怪世
界不能沒有種種的具體形相，否則上主怎會知道它的存在。因
此，保住物質世界，等於保住了血肉之軀的我。請看，小我就
這樣在這場虛擬的天人之戰中再次得逞了。

**(6:4~5) 這觀念不是每一個人都能即刻接受的，他在真理道上
肯接受多少指引，他就會進步多少。他仍會不時後退幾步，而
後再向前推進幾步，有時還會退轉好一陣子，才會再度回心轉
意。**

這幾句話似乎影射了輪迴的存在，因它暗示著我們可能有
幾世的經歷是正面的，又有幾世相當負面，而且還會不斷回

來，直到學會自己的人生功課為止。《奇蹟課程》確實有多處指涉了投胎轉世的可能性，甚至在〈教師指南〉專闢一文討論輪迴的問題，但耶穌在這議題上並沒有採取特定的立場（M-24）。他只想傳達一個更基本的觀念：既然線性時間和身體及世界同樣都是幻覺，就沒有什麼世界可投胎的了，那麼投胎一次或多次有何差別？比較貼近真相的看法，應該把心靈想成一個全像式的虛擬模型，在這一瞬間發生的事，始終發生於每一瞬間，也因此，我們個人所經歷的一切，只是同一虛幻夢境的不同面向而已。如果從救贖目標那個角度回看形形色色的人生經歷，它們發生於一世或多世又有何差別？終究來說，我們的任務只有一個，即是把握當下，選擇神聖一刻，誠實面對人生課堂「**此刻**」提供我的學習機會，專心作好自己的寬恕功課。

(7:1) 凡是準備好認清世界並不存在，而且當下便能接受這一課程的人，便會獲得治癒的恩典。

「認清世界並不存在」乃是促成療癒的關鍵因素；因為世界既然不存在，表示分裂之念也不是真的。一句話就再度將我們領回「觀念離不開它的源頭」這個重要原則。分裂的世界是離不開想要分裂的心靈而存在的，有因就有果。然而，世界之果若不存在，世界之因也必然不存在。換句話說，分裂之念既然沒有生出任何後「果」，分裂之因也就無法成立了。《奇蹟課程》反覆告訴我們，一切疾病源自分裂的信念，分裂既不存在，疾病自然也無由而生了。

心靈原本不會生病，除非另一顆心靈同意他們是分裂
的生命。所以生病必然出自雙方的共同決定。你若不
同意，不參與把疾病弄假成真的那類戲碼，不助長另
一顆心靈把自己視為與你分裂的個體，它就無法將自
己的罪咎投射到身體。如此，你們的心靈便不會用分
裂的眼光去看有病的身體。只要與弟兄的心靈結合，
便能預防疾病之因以及具體病症。療癒是心靈結合的
必然結果，疾病則是心靈分裂的結果。（T-28.III.2）

由此可知，「療癒」足以瓦解整套小我的思想體系，因為
小我全靠「世界和我一生的經歷全是真的」這個信念才得以穩
固江山的；而我們之所以能夠名正言順地寬恕弟兄**「沒有」**做
的事情，正是因為夢境裡的一切並未真正發生。簡言之，疾
病鞏固了幻境，療癒則瓦解了幻境的存在。正如第八十課所說
的：「一個問題，一種解決。」（W-80.1:5）

**(7:2) 他們的心靈一旦準備好了，這一課程便會以他們所能了解
及領悟的形式出現。**

言下之意，你無需透過**這部**課程也可能學到這門功課。
凡是強調寬恕而非攻擊，強調一體而非分裂的靈修學派，最
後都會殊途同歸的。〈教師指南〉一開始就強調了這部課程的
「不」特殊性：

> 每位上主之師都有自己待學的課程。他們學習的途徑

極其不同。教學的素材也各具特色。但課程的內涵永
遠不變。它的中心主題始終是：「上主之子是清白無
罪的，他純潔的本性正是他的救恩所在。」傳授這一
中心思想可不拘形式，可以用行動或意念；亦可有聲
或無聲；可用某種語言，或不用語言；可在任何時刻
地點或用任何方式進行。（M-1.3:1~6）

**(7:3~4) 有些人在瀕死之際突然看到了，便起身傳揚這一真相。
也有一些人是在某種超時空經驗中學來的，他們在彼處瞥見了
這世界確實不存在，因為他們所看到的境界如此真實，顯然與
眼前的世界相互牴觸。**

體驗人生真相的途徑很多，有些人是透過所謂的神秘經
驗，心靈突然被提升到世界及世俗經驗之上，剎那間領悟了
世界的虛幻本質，明白原是一體聖子的自己不曾離開過生命源
頭。縱然它會激發生存的焦慮和恐懼，這一經驗仍會成為他們
今後衡量其他一切價值的指標，再也不會像往日那樣事事當真
了。這個真理之光一旦進入了心靈（即使只有瞬間光景），便
足以幫助我們看清其餘的一切原來都是企圖抵制完美聖愛的防
衛機制而已。

但是，我們要有相當的心理準備，當光明進入心內時，必
會遭到極大的阻力，因為這一選擇意味著小我黑暗統治的終
結。如同〈正文〉這段的描寫，道出了光明臨近時心靈所受到
的攻擊：

> 光明一臨近，你便即刻躲入黑暗，迴避真相；有時你
> 會退縮到比較輕微的恐懼中，有時你會陷入劇烈的恐
> 怖裡。（T-18.III.2:1）

當我們突然看透世界根本不是自己想像的那樣，那種刺心的恐懼，甚至可能導致絕望或萌生死亡的意圖：

> 世界所提供的道路固然多得難以盡數，但終有一天人
> 們會看清它們根本就如出一轍。看清這一點，等於經
> 歷一次死亡，因為除了世界所提供的途徑以外，他們
> 看不到其他出路。他們終於明白所有的路最後都是一
> 場空，所有的希望終究破滅了。（T-31.IV.3:3~5）

然而，只要我們堅持與那位光明導師同在，祂的聖愛終究會帶領我們穿越絕望的暗夜，邁入那充滿光明與真理的真實世界。

(8:1~2) 有些人則會在本課程中，或在我們今天所作的練習裡找到這一真理。今天的觀念真實不虛，因為世界確實不存在。

「有些人則會在本課程中……找到這一真理」，意味著《奇蹟課程》並非證悟真理的唯一途徑。此外，我多次引用耶穌的說法「世界確實不存在」，並不是說只有充滿生老病死的世界不存在，而是指所有可知、可感、可測的，乃至整個宇宙都不存在，因為一切有形有相又變化無常的物質都脫逃不了終歸消亡的宿命。故今天這一課「我要把世界由我所認定的模樣

中釋放出來」的前提是：世界根本就不存在。倘若它真的存在，我哪有釋放它的能力？只因它是被我心內的抉擇者綁架的，我才有釋放它的可能。

(8:3) 如果它〔世界〕真的只是出自你的想像，那麼你只需改變當初賦予世界表相的那些念頭，就能夠把世界由你所認定的模樣中釋放出來。

　　即使不從形上層次，僅由現實生活層面來講，一旦認同了小我，聽從它那一套生存法則，我必會陷於分裂對立而且感到罪孽深重。罪咎要求懲罰，於是，在恐懼的驅使下，我常會選擇最糟的脫身之計，把它投射到身外去。我的罪咎一旦投射到他人身上，立刻具體化身為「加害—受害」的種種惡行，隨時威脅我的生存；罪就這麼誕生了。在這個危機四伏的世界裡，我不可能不感到脆弱無助的；更糟的是，落入這種處境的我，終日感到無能為力。

　　幸好，只要我改換老師，收回投射，釋放罪咎，就算再度落入同一處境，我仍能泰然自若，因為耶穌的愛與我同在，小我的怨恨終究控制不了我。容我再重申一遍，縱然我已改變了自己的想法，世界未必改變；註定改變的只有我心目中的世界。比方說，我不再視別人為眼中釘，而視為和自己一樣神智不清的夥伴，都在歸鄉的同一旅程。儘管我心內仍有一部分並不相信自己是有「家」可歸而且有資格回家的，但心內另一部分的正念卻再也不會把世界視為自己的死對頭了。可還記得

〈練習手冊〉這一句話：「我們已經決心與世界為友了。」（W-194.9:6）

(8:4) 只要你真能放下所有支持疾病的念頭，疾病便會痊癒；只要你讓生命之念取代所有的死亡之念，死人也會復生的。

　　耶穌並不是說死人會從墳墓爬出來感謝我們，他所說的一切只可能發生於療癒的心靈內。他只是借用《聖經》的「病人治癒」及「死者復生」（〈馬太福音〉10:1,8）來象徵基督二度來臨。基督再臨，**不是耶穌**再度回到人間，而是寓意著聖子從疾病及死亡之夢覺醒那一刻。請記得，耶穌的焦點永遠放在**療癒之念**。當分裂的心靈決定接受耶穌的愛作為自己唯一的存在現實後，疾病和死亡在我們眼中不過是小我的一個瘋狂之夢而已，我們再也不必隨它起舞了。即使我仍會不時掉回這一夢境，但只需在神聖一刻意識到耶穌與我同在，所有分裂、疾病與死亡之念都會煙消雲散的。

　　根據「觀念離不開它的源頭」這一原理，奄奄一息的有病之身也只是一念，離不開心內的疾病與分裂之念。只要和耶穌結合，這一念當下化解，自然不會繼續呈現出一具奄奄一息的身體了。縱然我的肉眼仍會看到疾病和死亡，但已經療癒的心靈卻明白那只是夢中的幻影而已，我和所有人的生命真相都在這個夢境之外。這就是療癒的真諦。我還要再提醒一次，請勿將這番話套用在外在某個具體人物身上，耶穌只是提醒我們，世界和身體既然純屬幻相，那麼疾病和死亡必然同等的虛幻。

耶穌始終只關注心念層次，這一點，不論重複多少遍都不為過。〈正文〉有言：「本課程是一部強調『因』而不強調『果』的課程。」（T-21.VII.7:8）「果」指的就是身體，「因」是指我們的想法。

(9:1~2) 現在，我們必須再次重申先前練習過的一課主題，因它為今天的觀念奠定了穩固的基礎。你仍是上主所創造的你。

　　我在前文曾說過，「我仍是上主所創造的我」這句名言在第九十四課及一百一十課出現了兩回，還會出現於一百六十二課，最後變成「複習六」那二十課的骨幹。由此可知，它在耶穌教誨中何等重要！

(9:3~4) 沒有一個地方能讓你受苦，也沒有任何時間改變得了你的永恆地位。你若仍是上主所創造的你，受時空限制的世界怎麼可能真的存在？

　　只要結合於耶穌內，上述心境便不再是空洞的話，而成了我們的存在現實。從此，我們再也不會把私人或群體的世界那麼當真了。我再引用一次這段〈正文〉：

> 當你視自己為無用的可憐蟲時，不妨如此回應這一誘惑，培養出這一快樂習性：我仍是上主創造的我。上主之子不可能受苦。而我就是這位聖子。（T-31.VIII.5:1~4）

　　短短幾句話，為我們指出了自性所在之處，拆穿了小我的謊言，反映出真理之念。在那兒，任何分裂、痛苦、時間、空間都無法插足其間。我們不難在下面這一提醒中感受到耶穌的喜悅：

> 只要我們攜手同行，便不難對此一笑置之了；我們知道時間是無法侵入永恆的。永恆否定了時間的存在。認為時間能干擾永恆的念頭，實在可笑之至。
>
> 時間潛入了超時空之境，上主的一部分竟能攻擊自己，分裂的弟兄反目成仇，心靈被困在身體裡頭；這些現象接二連三地出現，構成了因果循環，於是，起點成了終點，而終點又成了起點。（T-27. VIII.6:4~7:1）

　　真的，我們是可以歡歡喜喜地活出上主的創造的。

(10:1) 今天這一課不過是「了知你的自性，世界就會得救」的另一種說法而已。

　　我若了知自性的真相，必會毫不遲疑地向小我說「不」，它那套罪咎思想體系便無法擾及我的心靈了。既然心靈是一體相通的，而世界又是心靈的產物，世界自然隨著我一併解脫了。這類觀念在整部課程中屢見不鮮，可見它在耶穌的教誨中所占的份量。

(10:2~3) 你只需改變心裡對自己的看法，世界就由各種痛苦中解脫了。沒有一個世界脫離得了你的觀念，因為觀念離不開它的源頭，整個世界都是根據你內在的意念而維繫下去的。

　　本段課文和前面第五段「沒有一個世界不是出自你的願望」的說法毫無二致，皆源自「觀念離不開它的源頭」這一原則。耶穌在此說得更加直截了當：「沒有一個世界脫離得了你的觀念，因為觀念離不開它的源頭。」為此，只要「你」改變了「你的」想法，整個世界都會脫離苦海，獲得療癒（包括了根深柢固的死亡信念），只因你的想法本來就是你一切痛苦經歷的起因。不能說得比這更清楚了！改變自己的想法，痛苦自然消失；而這個「改變」不僅包含了收回投射，還需深切體會到痛苦不是外在（或身體）帶來的，它純粹是由內心引發出來的問題。我再引用一段非常重要的〈正文〉，它明確地指出離苦得樂的訣竅：

　　　　現在，你已看到了，你是有路可退的。你只需面對問
　　　　題的真相，不再去看你希望它成為的樣子。你不需要
　　　　其他的解決辦法，問題本來很簡單，只因你不想解
　　　　決，才把它搞得如此曖昧複雜。撤除了重重煙幕之
　　　　後，問題就會呈現出它原始的單純。這選擇一點也不
　　　　難，只要你看清問題，便會發覺其間的荒謬。任何人
　　　　只要認出那問題對自己有害而且不難解決，這麼簡單
　　　　的事怎麼會下不了決心？（T-27.VII.2）

　　由此可知，世界最大的問題——痛苦，原來只是小我預設的陰謀，用意便是要掩蓋單純無比的答案——只需改變想法，一切便會改觀。

　　但如果想從身體的層面來理解這樣的陳述，幾乎是不可能的。唯有跳脫到夢境之外，或提昇到戰場之上俯視世界和身體，才可能看出其中的蹊蹺，於是，以前覺得十分嚴重的問題，如今能夠一笑置之了。然而，對一般世人而言，不為所動的「一笑」就好似迎面而來的一記耳光，一點同理心也沒有。這等於拿《奇蹟課程》敲別人的頭說：「這有什麼好生氣的，你難道不知道世界只是一個幻相！」要知道，如果你真的明白世界是個幻相，就絕不會向受苦的人說出這番話的。只有真正超脫夢境而且徹底看清世界與身體根本虛幻的人，才配說這種話。否則，這些療癒性的溫柔教誨反倒會造成某種傷害。

(11:1~4) 然而，你若是上主所創造的你，那麼，你的想法也脫離不了祂的聖念，你不可能造出一個沒有祂的永恆及聖愛這種世界的。你在世界中看到了這些特質嗎？它能夠像上主一般創造嗎？除非它能夠如此，否則它就不是真的，連存在都不可能。

　　所謂「沒有祂的永恆及聖愛」之物，當然是指我們打造出來的身體和世界。當我們夢得如火如荼時，必然對自己打造的世界深信不疑，實際上，那不過是一種自欺而已。耶穌在下一課會教導我們如何善用「永恆本質」作為評估自己的選擇之試

金石。前文也已說過，耶穌經常用這一論據來證明永恆完美的上主是不可能創造與自己全然相異之物的。他接著說：

(11:5) 你若是真的，你所見到的世界就是假的，因上主的造化與你眼前的世界毫無相似之處。

　　耶穌要我們善用這一試金石，自問一下：「這個世界表達出上主永恆完美的愛了嗎？」這一標竿足以測出不完美而且註定死亡的時空世界絕不可能出於上主之手。既然上主只能造出與祂本身一般完美之物，表示祂的造化必然完美而且永恆不易。唯有靈性才符合這一標準，身體絕對無此能耐。因此，本課可說是了解《奇蹟課程》一體不二論相當關鍵的一課。

(11:6) 你是祂的聖念所創造出來的；世界則是你的念頭妄造出來的，因此，唯有你的念頭能夠釋放它，如此你才可能悟入你與上主共有的聖念。

　　上主是天堂和基督（自性）的創造者，我們則是世界的妄造者。由此可知，若要解放世界，責任自然不在祂，而直接落回我們身上。上主所能做的，也只是透過祂留在人心內的記憶（即聖靈），來幫助我們意識到世界的淒慘處境根本沒有出路可言。所幸，我們既然能夠打造世界，自然也有能力撤銷它，遲早憶起我們全是出於上主唯一聖念的生命真相。

(12:1) 釋放這世界吧！

　　再說一遍，耶穌指的不是外在世界，因為那只是反映我們內心想法的一道幻影而已。也因此，若想釋放世界，唯有釋放自己的想法；若想釋放自己的想法，必須選擇那位神聖導師的寬恕之念。

(12:2~3) 你真正的創造正引頸盼望著解脫，它才能尊你為「父」（我指的不是幻相世界的父親，而是真理之境的天父）。你是他的聖子，他讓你分享他的天父身分，他從不在「祂自己的生命」以及「仍是祂自己的生命」之間作任何區分。

　　「仍是祂自己的生命」指的就是基督，因基督和上主共用同一自性。上主即是基督的創造者，身為基督的我們必有能力推恩天堂之愛，並且具有天父的創造力。故我們的創造成了推恩的結果，由此奠定了萬物之父的身分，這是身為上主之子的我們與生俱來的天賦能力：

> 天父及聖子的旨意因著他們的推恩而結合為一。這一推恩能力源自祂們的一體生命，祂們必須把自己的共同願力無止境地推恩，才能保住合一的境界。這是圓滿的受造物與圓滿的造物主結合而生的圓滿造化。天父不能不賜給聖子他的「天父身分」，因為「天父身分」是不能不推恩的。把上主的天父身分無窮地推恩出去，這是活在上主內的你的神聖任務。（T-8. III.3:1~5）

(12:4) 祂所創造的一切，從未離開過祂，你絕對找不到天父的盡頭以及聖子獨立出去的那一點。

這句話相當詩意地描述了天堂的一體境界：天父和基督之間是沒有間隔的，沒有人能夠在天父「祂自己的生命」和「仍是祂自己的生命」之間劃上分界線。若借用二元世界的說法，我們會稱上主為「終極源頭」或「第一因」，而身為基督的我們，則是祂的神聖之「果」。只要記住，在天堂裡祂們不是兩位，而是一個生命。

(13:1) 世界不存在，因為它是個與上主之境毫不相干的念頭，當初只是為了離間天父及聖子而造出的，它不惜撕裂上主的一部分來破壞祂的完整性。

這又是《奇蹟課程》不二論的另一說法。救贖原則的立場是：身在幻境的我們雖有自由相信自己完成了不可能的任務，但在真理的層面，我們絕對沒有改變永恆實相的自由。〈正文〉也說：天堂的歌聲不會失落一個音符（T-26.V.5:4），表示圓滿之境永遠圓滿，整體永遠完整，上主永遠是上主。

(13:2~4) 出自這種觀念的世界怎麼可能是真實的？它怎麼可能存在任何地方？否認幻相而接受真相吧！

這又是《奇蹟課程》非常關鍵的一個理念：耶穌並不指望我們正面肯定真理，只需「**否定我們對真理的否定**」就夠了（T-12.II.1:5）。耶穌再度邀請我們和他一起正視那不斷否定

真相的小我思想體系，勇敢地說出：「我再也不與它沆瀣一氣了！」我們只要誠實地透過耶穌的慧眼，不難看清眼前分崩離析的世界是怎麼經由分裂幻覺而形成的——它不可能**不**虛幻！

(13:5) 否認自己只是一道陰影走過一個瀕死的世界而已。

　　身體就是那「一道陰影」，誕生於「一個瀕死的世界」。確實，世界永遠處於瀕死狀態，只因它出自死亡之念，出於死亡者必歸於死亡，因為「觀念離不開它的源頭」。小我之念自然也逃不出死亡之念，因為它本身代表生命的反面。請記住，小我思想體系起源於這一聲明：「我存在，因我摧毀了上主，踩在祂的屍體上，我顯得至高無上。」順便一提，「瀕死的」以及「陰影」令我想到莎士比亞筆下的馬克白臨死前那幾句經典的臺詞：

> 熄了，熄了，短命的蠟燭！
> 生命不過是一道行走的陰影，拙劣的演員，
> 在舞臺上昂首闊步，忙忙碌碌，
> 轉眼便銷聲匿跡了。
>
> ——《馬克白》（V,5,21）

(13:6) 你一旦釋放了自己的心靈，就會看到整個世界也隨之解脫了。

　　這個「**你**」自然是指抉擇者。耶穌宛如在向我們示意：「該作選擇了！當初是你把心靈交付給暴虐的小我統治，如今

也只有你能釋放心靈而選擇我的愛，你必會看到世界已從罪的信念和咎的投射中徹底解放出來的。因為你一自由，世界便自由了。」

(14:1) 我們今天的目標，就是要把世界以及芸芸眾生由我們對它們所懷的無稽妄念中釋放出來。

耶穌說得不能再清楚了，他關注的不是我們外在的表現，而是我們究竟是怎麼想的。

(14:2~4) 他們不可能存在那兒的。我們也不可能。因為我們正和他們一起安住在天父為我們準備的家中。

我剛才說過，上主之子只有一位，因此，當我牽起耶穌的手，一起走出夢境時，絕非踽踽獨行；整個聖子奧體與我同行，一起邁向我們從未離開過的家鄉。我們的真實生命除了存於造物主的實相內，它還可能活在哪兒？

(14:5) 依舊是祂所創造出來的我們，今天就要把這世界由我們的每一個幻覺中釋放出來，如此，我們才可能重獲自由。

重獲自由之道並非靠我的身體或別人的身體做了什麼，而是釋放心內的妄見。這正是本課的主旨「我要把世界由我所認定的模樣中釋放出來」。

(15:1~3) 我們今天要作兩次練習，每次十五分鐘，開始時請這樣說：

依舊是上主所創造的我，願把世界由我所認定的模樣
中釋放出來。我是真實的，因為世界不是真實的；我
終會悟見自己的實相的。

請留意，《奇蹟課程》「非此即彼」的原則又出現了。要麼上主是真的，要麼世界是真的，它們不可能同時真的存在。既然上主和天堂**必然**真實，那麼世上的一切（包括我的身體和個性）便必然虛幻了。

(15:4) 而後純然安息片刻，保持清醒，卻不過度緊繃，讓你的
心靈在寧靜中悄悄地轉變，世界便與你一起重獲自由了。

只需細細體會一下，我們便能從這段話讀出《奇蹟課程》的獨到之處。耶穌要教我們「安息片刻，保持清醒，卻不過度緊繃」，言下之意，本課的練習無需嚴陣以待，力求完美，而逼著自己相信「我們並非活在人間」。這實在太過不切實際了，可還記得耶穌在〈正文〉一開始便提醒我們：

> 身體只代表你在物質世界的一種經驗而已。它的能力
> 確實常被人高估了。然而，也沒有人能夠否認它在世
> 間所占的一席之地。想要否認身體的人，他所行使的
> 「否認」能力是最不值得的。（T-2.IV.3:8~11）

耶穌只要我們「讓……心靈在寧靜中悄悄地轉變」，表示抉擇者終於決定靜下心來，也就是把小我思想體系調到靜音狀態。這事耶穌無法代勞，因為任由刺耳噪音淹沒愛之天音的是

我，那麼，說出「我再也不要囚禁自己」的，也只可能是**我**。唯有如此，心靈才可能「在寧靜中悄悄地轉變」。只要我願意安靜片刻，聖靈才有機會在我的心內作工，這才表示我已將自己所有的幻覺交託給祂了。在這一刻，黑暗的幻覺自然消失於真理的光明之中。

本段課文道出了《奇蹟課程》的療癒內涵，即是將黑暗的幻覺帶入真理的光明。我們的心念就是這麼療癒的；不是靠自己，而是靠上主的愛。世界也就從自覺有罪的枷鎖中釋放了，這就是救贖的化解功效。

最後，耶穌又回到「一體聖子」的主題，以此結束今天的功課：

(16:1) 當你送出這些念頭祝福世界時，你無需意識到遠在天涯海角的弟兄會與近在眼前的無數弟兄一併獲得治癒。

耶穌並不是真的叫我們送出什麼祝福之念，因為外面並沒有一個世界等著接受我們的祝福。只要我真正接下耶穌的愛，這份愛自然會透過我而延伸出去，一直延伸到聖子奧體的心內。**僅此而已**。除此之外，這段話在語言**形式**上好似暗示了有一個內在，也有一個外在，而且還能從內推恩於外；但在**內涵**層次，並無內外之別。我再重申一遍，我們無法把愛推恩於「外」，因為根本沒有內外可言。我們一與耶穌結合，便與整個聖子奧體融為一體，這一過程在語言的表述限度下，只能說

成：把你的念頭送給世界。

(16:2) 但你仍然感受得到自己的解脫，即使你未必完全了解自己是不可能獨自解脫的。

　　耶穌從不指望我們可能了解「當我痊癒時，我不是獨自痊癒的」（W-137），或「我祝福了世界，因我祝福了自己」（W-187）這類說法。縱然如此，只要甘心放下判斷和怨尤，把接受耶穌的愛當成此生唯一的目標，我們仍然能夠感受到平安、喜悅和愛。我曾聽過一首不知名的禱詞：「我一無所有，一無所求，除了耶穌的愛，我什麼也不是。」整個聖子奧體便如此從分裂的枷鎖釋放了。

(17) 在這一天，你透過這些觀念傳給世界更多的自由；當你發覺自己不願相信「只需改變自己的心念」所具的威力時，請這樣說：

> **我要把世界由我所認定的模樣中釋放出來，我決心接受自己的實相。**

　　結束本課之前，耶穌照舊敦促我們把今天的觀念具體應用於生活上，尤其是當自己有意否定心念的力量時。這些原則若非日復一日地具體操練，它們就毫無意義了。活在世上的我們，常常不自覺地感到自己是外在某人或某事的受害者，或是認為自己的情緒都是外界引發的，而不是出於內心的決定，那麼我們自然不會回到心內尋求答案，而會轉向外界尋找安慰劑

或解決方案。如此一來，我們不只否定了心靈具有令自己心煩意亂的力量，同時也否定了它有幫我們恢復平靜的能力。直到有一天我們終於願意承認自己的想法有誤、耶穌的說法才是正確的，心悅誠服地接受他的教誨，我們的心靈便會恢復本有的力量，到那時，我們不只把世界從自己的想法中釋放出來，同時也把小我從我們過去的認定中一併釋放了。

第一百三十三課

我不再重視毫無價值之物

　　本課又是相當關鍵的一課。它和前一課一樣,將天堂的真理實相(亦即上主的愛)和世間無常之物作了一個分明的對比,最後導出這樣的結論:唯有出自上主或引領我們回歸上主的,才有價值;反之,凡是令我們在紅塵愈陷愈深的,則不值一顧。可以說,本課是在為〈教師指南〉「信賴」那一節埋下伏筆,尤其是形成信賴的前三個階段,耶穌在那幾段課文反覆為我們釐清「有價值」與「無價值」的區別。

(1) **當學生學完了一套理論性似乎相當濃厚、又與他往昔所學大異其趣的教材之後,若能再把他領回具體應用的層面,這種教學的效果會更大。這就是我們今天所要做的。我們不再說一堆放諸四海皆準的高超觀念,只著重於對你實用的部分。**

　　等我們讀完這一課後,便會意識到耶穌似乎違反了自己的

初衷：「不再說……高超觀念，只著重於……實用的部分。」只因他若要幫我們將每日一課具體運用於現實生活，就不能不一再闡述奇蹟形上理念。這個「放諸四海皆準的高超觀念」，無疑就是：世界既然是個幻相，那麼世間萬物必也虛幻，毫無價值可言。我們若對這個形上理念掉以輕心，是不可能了解或操練這部課程的，更別提傳授它了。寬恕之所以具有療癒之效，正是因為世間無一物有待我們寬恕。但除非我們真正明白前一課的主旨「世界根本就不存在」，否則，這種說法聽起來一定十分荒謬，因為世界只是一套無中生有的思想體系打造的虛擬現實。

(2:1) 你對人生的要求不只不高，反而低得可憐。

　　我們對這一句話大概早已耳熟能詳了，因為我們逐字引用過兩次原文，現在，不妨再重複一次：「上主之子的要求不僅不夠多，甚至應當說，他的要求實在少得可憐。」（T-26. VII.11:7）就在向虛無的小我索求無價值的禮物之際，我們等於拒絕了上主的恩賜──上主的禮物雖然包含了一切，卻不是我們真正想要的。

(2:2) 當你讓自己的心靈陷於身體的掛慮、購買的物品，以及世人所重視的名位時，你其實是在自尋煩惱，而非追尋幸福。

　　我們讀到這一段話，很可能會深感慚愧，因為自己確實就是這副德行，熱中於逛街購物或追逐身體享受、避苦求樂或期

待別人的認可。然而，耶穌並不想加深我們的內疚。千萬要記住，這一門課程重在**內涵**而非**形式**層次，它要我們著眼的是**因**（即心靈），而非**果**（即身體）（T-21.VII.7:8）。我們大可不必為自己與某人某物或食品藥品的特殊關係而內疚，只要覺察自己為了爭取這些特殊東西而放棄真正寶貝就夠了。耶穌更不希望我們因此而批判自己或別人，他只期待我們退後一步，與他一起看穿自己的隱衷，原來我們如此關注身體（不論是生理或心理的需求），完全是受到了內在的恐懼所驅使；而恐懼根本稱不上是種罪過。耶穌還希望我們進一步看清，追求特殊性的後果只有悲傷，毫無幸福可言，一味執迷下去，實屬愚不可及之事，因為自己遲早會大失所望的。這種體驗愈深刻，放下這些特殊執著的願心自然會愈來愈強。

(2:3~5) 本課程並無意奪走你所擁有的那一點寶貝。它也不想用烏托邦的理念來取代這世界所給你的滿足感。然而，世界是不可能滿足任何人的。

　　除非我們真正理解了上一課的要旨，否則，本段課文便會顯得非常空洞。雖說本課的重心偏向實踐，但我們明明看到它句句不離奇蹟的形上原則，即「放諸四海皆準的高超觀念」。我們的老師耶穌不會說：「別去逛街購物，別吃這種食物或終止那段關係。」他只是提醒我們，世上沒有任何東西能讓你活得心安，何苦把心力耗在它們身上？耶穌不會為我們的執迷不悟貼上有罪或錯誤的標籤，這可說是耶穌教誨的獨到之處。下

面這段〈正文〉便可見一斑，它論及了藥物治療的「非邪惡」
本質：

> 你若接受各種物質性的身體療法，就等於再次重申怪
> 力亂神的運作原則。……我並不是說，利用物質能力
> 來達到修正目的本身是件邪惡的事。有時候，人心
> 已被箝制於疾病的魔掌下，一時難以接受救贖之道。
> 在這種情況下，最好還是利用身心所能接受的權宜之
> 計，暫時相信外來之物具有療癒功能。因為加深人的
> 恐懼，對妄見或疾病中人百害而無一益。恐懼已使他
> 們欲振乏力了。若在他們的心理尚未準備妥當以前，
> 就向他們引薦奇蹟之方，反會使他們進退失據的。
> 因為知見已經顛倒的人不可能不視奇蹟為畏途的。
> （T-2.IV.4:1,4~10）

沒有錯，《奇蹟課程》確實把世上避苦求樂的法寶一律
歸為「怪力亂神」；但只要它們能夠減輕恐懼，便堪稱為神聖
了。畢竟，世間的一切均能為聖靈所用，幫助我們學到人生最
關鍵的一課，從中領悟出世界並不存在，世上也沒有一物滿足
得了我們。試問，本身虛無之物怎麼可能滿足任何人？

(3:1~2) 今天，我們要提出一個真實的評估標準，來測試一下
你心目中渴求之物。除非它們符合這些合理的條件，否則就不
值得你去追求，因為還有更好的禮物可以取代它們。

　　我們所追求的，究竟是有價值還是無價值？本課提供了四個評估標準。上述課文裡所謂「更好的禮物」，其實就是牽起耶穌的手。

(3:3) 抉擇的運作法則不是你能置一詞的，可供選擇的對象也不是你造得出來的。

　　言下之意，只有一種選擇：是上主或小我？有價值或無價值？擁有一切或一無所有？

(3:4~5) 你所能做的，只是選擇；而且，你不能不選擇。你若聰明的話，應先搞清楚自己在選擇之際所玩的遊戲規則，以及你所面對的幾種選項。

　　耶穌在下文會先提出兩個法則，接著再推出四個評估指標。我們只能在天堂之愛和小我的特殊性之間作一選擇，前者給予我們一切，後者則一無所有。請留意，這兒的「**你**」始終是指抉擇者；抉擇者只能在妄念和正念兩套思想體系之間作一選擇，前者教你攻擊、內疚和怨恨，後者則帶給你寬恕、愛和平安。

(4:1~2) 我們已經強調過，不論外表上看起來有多少選項，實際上只有兩種選擇。選擇的範圍已經設定，這不是我們改變得了的。

　　這幾句話點出了分裂心靈的內在本質：心靈分裂後，只能

在聖靈和小我之間作一選擇。不妨再回顧一下〈正文〉「作決定的準則」那一節所說的「首要法則」：

> 不論作何決定，你都不是單憑自己作出來的；這些決定若不是與偶像就是與上主一起作的。你選擇向基督或是「反基督」求助，祂或它就會加入你的陣容，指點你如何進行。（T-30.I.14:7~9）

除此以外，我們沒有任何其他的選擇：

(4:3) 如果給你無限的選擇，那才是最慳吝之舉，因你得在有限的時間內考慮每一種可能性，而延誤了你的最後抉擇，使你錯失機緣，無法看清你其實只有一個必然的選擇。

「錯失機緣」就是錯失了抉擇者所在的心靈。故耶穌說，他若「給你無限的選擇」，讓你不知如何在虛假的紛紜萬象中東挑西選，那才是不公平也不仁慈。言下之意，是請我們別把他拉進五花八門的夢境，而應與他一起提昇到心靈作抉擇的那一部分。唯有在那兒，我們才能看清此生唯一有意義的選擇就是：「我要覺醒，還是要昏睡下去？」各位很可能會想起我先前引用的「真正的選項」那一節，探討的也是這個主題（T-31.IV）。此外，我曾提過耶穌當年為了安撫海倫的恐懼而說的那一番話，它和本段課文密切呼應，很值得重溫一次：

> 修正你內心的恐懼，那才是你的責任。你若求我幫你由恐懼中脫身，好似聲明那不是你的責任。你該求我

幫你面對那讓你恐懼的制約心態。構成恐懼的因素
必然脫離不了分裂之願。在那層次上,你是可以選擇
的。(T-2.VI.4:1~5)

我知道它〔恐懼〕根本不存在,問題在於你不知道。
如果我在你的想法及其後果之間插手干預,等於干
犯了世間最基本的因果律,也就是最基本的自然法
則。如果我藐視你思想的力量,對你沒有一點兒好
處。這也與本課程的宗旨背道而馳。最好的辦法還
是提醒你,你對自己的心念防範得不夠周密。(T-2.
VII.1:3~7)

我們的得救既然全靠**自己**改變心念,故耶穌在此勸勉我們
多多發揮自己的決定能力。這其實就是整部課程的最終目標。

**(5:1) 另一個相關的仁慈法則即是:你作什麼抉擇,就會承受
什麼後果,因果不爽。**

小我由「非此即彼」的前提引申的**第二條無明法則**即是
「若不痛下殺手就得坐以待斃」;聖靈則勸阻我們別相信小我那
一套,祂傳授的才是真理:

你只是誤把自己的詮釋當成真相而已。你錯了。但是
錯誤並非罪惡,你的錯誤也篡奪不了真理實相的寶
座。上主永遠君臨天下,唯有祂的律法對你及世界有
約束力。祂的聖愛才是唯一真實的存在。恐懼只是幻

覺而已，因為你其實與祂一樣。（M-18.3:7~12）

　　確切而言，我們若不選擇上主，就等於選擇了小我，當中毫無「中間地帶」。耶穌如此鐵口直言：

(5:2~4) 它不可能只給你一點這個或一點那個，因為沒有中間地帶。你所作的每個選擇，不是給你一切，就是給你虛無。因此，你若能由這些測試學會分辨一切與虛無的不同，你才能作出更好的選擇。

　　我們現在進入四個測試指標，評估一下自己所選之物究竟真有價值還是無價值，是真實還是虛幻。換言之，我們所選擇的，到底是反映出上主的圓滿無缺還是虛無小我的破碎陰影？耶穌曾說：「我們不可能把一部分天堂摻入地獄，也不可能把一點點地獄摻進天堂。」這個提醒和本段課文不約而同地重申了「非此即彼」的原則。我在前文曾提過，不少奇蹟學員和傳統宗教一樣，試圖將上主拉進世界，幻想這個天堂與地獄的綜合體能為我們解除一切痛苦。

　　下文開始進入測試的**第一指標**：

(6:1) 第一，你若選擇一個無法永存之物，你所選擇的就毫無價值。

　　這句話重申了第一百三十二課的主旨「世界沒有天堂的永恆性，故不可能是真的」。為此之故，我們選擇的若不具永恆

的特質，便屬無價值之物，因它不可能來自永恆的上主。舉凡世界珍愛之物，幾乎都無法持久，不只是有形的物質，連靈修人士嚮往的狂喜經驗，也一樣瞬息而逝。說實話，「好景不長」正是小我世界的預設，因為唯有令我們不斷受挫，才會驅使我們執迷不悟地追逐下去。為此，小我故意要我們往身外尋找快樂和平安，讓我們意識不到上主臨在自己心內的聖愛；而我們也屢敗屢戰，甚至還愈挫愈勇，直到找到心目中的「寶藏」為止。

(6:2~3) 只有短暫的價值，其實等於沒有價值。只要是真有價值之物，時間是無法奪走它的。

　　小我卻認定，時間**能夠**奪走任何真實且有價值之物。耶穌則直接反駁：「永恆否定了時間的存在。認為時間能干擾永恆的念頭，實在可笑之至。」（T-27.VIII.6:5）那麼，當我們珍惜世間無常之物時，豈不等於聲明：「這一點也不可笑！時空世界是一個值得我們嚴肅看待的事實；因時間不只**能夠**打斷永恆，甚至可以摧毀永恆；為此，時間對活在時空內的我具有舉足輕重的意義。」

(6:4~5) 凡是會消逝的，表示它不曾真正存在過，選擇它的人不可能從中獲得任何益處的。他只是被自以為喜歡的某種虛無表相所欺騙罷了。

　　這段話和〈正文〉「兩種畫面」那一節裡的說法極其相

似，我們現在就來談談。小我用特殊性打造的耀眼畫框來誘惑我們，框內卻藏匿著「死亡畫面」，本段課文稱之為「虛無」。那耀眼的畫框如此充滿魅力，是因為它能為我保住特殊性，而紮根於這註定褪色和消亡的世界。再提醒一次，每當我們覺察自己確實十分看重世間無常又虛無之物時，切莫內疚不安；耶穌只要我們逐漸明白真正的原委：我們之所以存心忽視畫面，選擇著眼於畫框，純粹是因為太重視自己的個體價值，甚至還引以為傲；如此看明白就夠了。

接下來，**第二個測試指標：**

(7:1) 其次，你若想由別人那裡奪取任何東西，你就會喪失一切。

這句話正好呼應了第四條無明法則「你知道自己擁有的全都是奪取來的」（T-23.II.9:3）。言下之意，如果我想得到自己原本沒有的東西，只可能從對方那兒搶奪過來；而對方也因此失落此物。試問，這樣搶來的東西豈能視為禮物？它根本反映不出愛的本質。因為愛的法則乃是「每個人都有權利擁有一切」。特殊性的運作原則卻恰好相反「奪取我想要的寶物，乃是**我的**權利」，充分顯露出小我的虛無及它支離破碎的陰影。由此可知，小我絕不會同意任何禮物都是所有人共享的。然而，毋庸贅言，凡是有違上主聖愛那包容一切的本質的，都毫無價值可言。

(7:2) 這是因為你一旦否定了他擁有一切的權利，無異於否定你自己這一權利。

只要相信「我有，你沒有」，一定會生起分別心，小我的分裂思想體系也會瞬間啟動，開始在我們心中作祟。所以說，否認天賦於人的一體真相，等於否定了我們與生俱來的圓滿恩賜，而與虛無世界認同了。

(7:3) 於是，你再也認不出自己原本擁有之物，因而抹殺了它們的存在。

我們真正擁有的只可能出於上主的恩賜，它會化身為寬恕、平安和療癒而呈現於我的夢境裡。除非世上所有人都享有這些禮物，否則它們也難以在我的夢中久存：

> 我已為你疲倦的眼睛帶來一個嶄新的世界，如此地清新、潔淨，它會使你忘卻往日的哀傷與痛苦。但你必須把慧眼之所見與身邊每一個人分享，否則你自己也無從看見。唯有給出這份禮物，你才可能享有這禮物的祝福。這是慈愛上主的天命，使你永遠失落不了這一禮物。（T-31.VIII.8:4~7）

(7:4~5) 凡是企圖奪取之人，已被幻相所蒙蔽，以為損失能帶來另一種利益。其實，損失只會帶來損失，僅此而已。

以前還認定「我有，你就沒有；我得，你便失去」，如今

終於明白，你的損失就是我的損失，因為真正有價值之物不可能造成任何人的損失。只要有損一人的，必是毫無價值之物。上主的聖愛平等施予了所有的聖子，不可能會有人多得一點而有人少得一點的：

> 在救贖大業完成之際，所有上主之子都享有一切的天賦。上主是大公無私的。祂每一個兒女都享有祂全部的愛，祂平白施予每一位同樣的禮物。……上主之子的「特殊」之處在於它的包容性，而非排他性。我每一位弟兄都是特殊的。他們若認定自己受到了剝削，表示他們的知見已被扭曲了。一旦如此，上主的整個家庭或是聖子奧體內的關係都會因之受損。（T-1. V.3:1~3,5~8）

意思是說，我心內若仍藏有失落和匱乏之念，表示自己暗中早已相信「我的存在乃是從上主盜取而來的生命」，換言之，我若有所得，天堂必有所失才對。

第三個測試指標：

(8:1~4) 下一個有待反省的觀念，它會衍生出其他的問題。為什麼你把自己的選擇看得那麼重要？它有什麼東西這樣吸引你的心靈？它真正的用意何在？

小我的首要任務即是幫我保住個體性，這也是我們當初選擇小我的真正動機。顯然的，追求紅塵俗物，確實能夠強化我

278 學員練習手冊 *行旅 5*

的存在感。不僅如此,我的特殊需求證明了真的有一個與眾不同的**我**,這樣的我不可能不被小我的運作法則吸引,也必會相信:「自己這個生命若想繼續存在,總得有人為我盜取的生命付出代價才行。」於是,小我前來解圍,提出第四及第五條無明法則(T-23.II.8~12):「如果你有,我卻沒有,表示是你搶奪了我本有之物。於是你成了有罪之人,我淪為無辜的受害者。我的匱乏成了你盜取和剝削我的鐵證。」難怪每個進入世界的人,首要之務便是證明自己無辜,絕不放過他人一點罪的蛛絲馬跡;為了維繫自己的清白無罪,不斷向別人索取,最終完成了小我的任務。

(8:5~7) 這是你最容易受到蒙蔽之處。因小我認不出自己要的是什麼。即使它真看到了什麼,也不會說出真相的;它需要那個光環來保護自己的目標不受污損,保持它在你眼中「純潔無罪」的模樣。

　　這段話令我想到政客矇騙選民的手法,簡直就跟小我如出一轍。他們總是大言不慚,說自己是從國家利益以及改善百姓生活出發的,其實唯一目標擺明了就是要當選而已。唯有當選才滿足得了他們的特殊性需求——名譽、權力和財富。耐人尋味的是,即使我們全都心知肚明,大多數時候仍然自甘受騙,有時還天真地相信,這兩位或十位候選人之間確實有高下之分。其實,他們全都在追求同一個東西,就是特殊性的光環。這一段課文為我們點出人心的幽晦,這些政客把選民騙得團團

轉後，最後連他們本人都相信自己所說的那一套，陶醉在自己打造的光環裡，毫不覺察光環底下隱藏的私心。而我們，也好不到哪裡去，照樣沉迷於特殊性的耀眼畫框，渾然不覺框內隱藏的罪咎和死亡畫面，也就是前文所說的「虛無」。小我包藏的禍心就是要讓罪咎永存不替，唯有如此才能證明分裂之境真實不虛，確保小我從此江山永固。這個陰謀靠的就是一張「無辜的面容」，這張面容為現實生活中的怨恨添加了一道光環，使得整個世界覆蓋在我們的罪咎內，永不見天日。

(9:1) **然而，它那層薄薄的保護膜虛有其表，只騙得了那些甘心受騙的人。**

　　換言之，我若被政客、朋友或商人欺騙，不僅表示我自甘受騙，甚至還會**樂此不疲**。為什麼？只因他們秘而不宣的目的和我們內心隱藏的目的如出一轍，全都企圖凸顯自己的特殊性以及肯定我這個人。難怪我們心甘情願地盯著畫框，只為了隱藏小我的陰森畫面以及它的包藏禍心，結果只會鞏固自己的個體性，加深我們自以為摧毀了上主及聖愛的罪咎之念。沒有人承受得了這種念頭的，這才是我們甘心受世界誘惑的真正原因，或者不如說，根本是我們在誘惑世界。

(9:2) **它的意圖在有心人的眼裡昭然若揭。**

　　本課程的宗旨，即是為我們揭發小我包藏的禍心。耶穌希望我們好好正視一下，自己是怎麼被人間的瑣事俗物騙得團團

轉的。不論讀過多少遍《奇蹟課程》，許多章句段落甚至能朗朗上口，但一看到外面亮晶晶的東西，立馬就被吸引過去。說穿了，我們其實並不真想受教於奇蹟，只因它所教導的和小我傳授的那一套簡直水火不容。換句話說，《課程》的教誨已經直接威脅到我的存在基礎——個體性和特殊性。難怪我們老是讀不懂這部課程，隨時都會見風轉舵，尋求其他的捷徑。

(9:3~4) 這是一種雙重的欺騙，因為受騙的人看不出自己不僅沒有獲得任何益處。他還會相信自己助長了小我的私心。

　　這段話告訴我們，我們一旦認定自己真的活在世上，就得承受失落及失望之苦。懵懂無知的我們，根本不知道自己註定失敗的命運乃是小我預設的陷阱，自然會把自己的痛苦歸咎他人。他人的罪咎一旦確立，小我的陰謀便得逞了。而我的不滿、氣餒、沮喪，無一不是鐵一般的事實，這不只證明了我確實存在，還鞏固了我的特殊身分。難怪，縱然飽受失落之苦，我還是如此執迷於毫無價值之物，因為痛苦更加肯定了我是一個與眾不同的生命，同時還證明了我所有的想法與反應都是天經地義的，相形之下，上主那一套實在無可理喻。追逐無價值之物還有一種附加效果，就是證明世界剝奪了我應得的幸福平安；若非那些迫害我的人，否則我會活得幸福美滿的。既然如此，我也無需為自己的處境負責了。更妙的是，令我痛苦和絕望的人俯拾皆是，讓我更能理直氣壯地說：「有罪的是他們，絕不是我！」就這樣，我成功地為自己掛上了一張清白無罪的

面孔。

(10:1) 然而，不論他如何緊盯著這光環不放，一定看得見它污損的邊緣以及鏽蝕的核心。

因著咎的作祟，我們心裡有數，在現實生活中演出的特殊的愛恨關係都只是一個障眼法罷了。換句話說，「無辜的面容」那一招其實不太管用，因為自己仍會感受到「污損的邊緣以及鏽蝕的核心」。儘管我們祭出種種特殊性需求，讓自己忙得無暇面對「問題在自己」的事實也無濟於事，因為罪咎始終在心裡作祟。

(10:2) 那本來無足輕重的錯誤，在他眼中卻成了罪過，因為他把那個污點看成了自己的污點，把鏽蝕的核心視為自己內在毫無價值的標誌。

這一小段話所描述的，正是深藏不露的咎。我們試圖安自己的心，在人間築夢，希望能夠點石成金，把無價值之物變得有價值，最終必然徒勞無功的，因為小我必會將自己的挫敗歸咎於你的罪孽深重，令你陷於沮喪；這不是因為夢想落空，而是它勾起了心內的原始記憶：「曾幾何時，我們就是為了圓小我之夢才不惜毀滅上主的。」因此，無論多麼努力，我們永遠也不可能安心和喜樂，只因找錯了地方。縱然我們窮一生之力，想要把畫框擦得光彩照人，也擺脫不了死亡畫面的詛咒，因為罪咎必會在心靈烙下失敗與不值的醜陋陰影。

(10:3~4) **凡是把小我的目標當成自己的目標，且為它效命之人，在他所服膺的嚮導眼中，他所犯的絕不是「錯誤」而已。這一嚮導還會告訴他，把罪過視為錯誤，是不對的；如果只是錯誤，那麼誰該為他的罪受苦受罰呢？**

　　難怪小我常常這麼說：「你的痛苦和不幸足以證明你罪孽深重，才會招致這種懲罰。」換言之，你若無罪，是不可能受苦的。有意思的是，耶穌在論及小我**第三條無明法則**時，換了另一種說法：聖子告訴上主自己有罪，上主便不能不承認聖子有罪了。

> 這一條無明法則所隱含的傲慢心態在此〔小我的戰場〕更是昭然若揭。這種心態企圖界定創造真相的造物主，諸如：祂應作何想，祂必信何事，祂又會如何答覆等等；並且對此深信不疑。聖子甚至不必向上主查證自己加在上主頭上的信念究竟是真是假。他只會「提醒」上主他該如何又如何；……祂不能不同意聖子心目中的自我形象，同時又恨聖子那副德性。（T-23.II.6:1~4,6）

　　不消說，聖子若真有罪，那就萬劫不復了。

　　著名神學家約翰‧喀爾文（John Calvin）也曾提出類似的小我邏輯：要識別上主特選的精英並不難，從他們享有的富裕及幸福中，便可推知他們是受上主鍾愛以及拯救的寵兒，連他

們的家人也不會罹患重病，更不可能陷入危機或經濟困境，一切都會逢凶化吉。這便是喀爾文自創的測試標準，簡單說，你若想知道自己有罪無罪或上主愛不愛你，看看你活得多苦，就知道了。

(11:1) 此刻，我們即將進入令人最難相信的一個測試選擇的標準了，因為它顯而易見的真相已被覆蓋在重重的掩飾之下。

「重重的掩飾」，指的是特殊性打造的畫框，目的就是只想從外在世界看見自己心裡不敢面對的隱情。

我們接著進入**第四個測試指標：**

(11:2~3) 你若對自己的選擇感到內疚，表示你已讓小我的目標在那些真實的選擇對象之間作祟了。它會使你無法看清你其實只有兩種選擇，而且使你自以為選出之物顯得面目猙獰，充滿威脅，因而它不可能是虛無的；其實它確實虛無無比。

分辨有價值與無價值的終極指標即是咎。咎一出現，表示你已經選擇了毫無價值之物。只要你還認為世間俗物可能帶給你幸福、平安或是愛，罪咎感必會同時浮現。耶穌要我們覺察自己的罪咎之深，且明白那才是一切痛苦的源頭。然而，我們卻使出重重障眼法來覆蓋這個咎，否認它的存在，掩飾那不可告人之罪。總之，只要我們還想從世間任何一物索取幸福，等於重演原罪那一幕戲：再次選擇小我而放棄了上主。因為此舉等於聲明：「上主的愛不夠，我需要特殊性；身為上主造化的

一部分還不夠，我更想登上造物主的寶座，成為宇宙的『第一因』」。

　　換句話說，我們全是當初背棄了上主而選擇小我的那一位聖子。因此，當我們再度追求特殊之我時，必會憶起原初的瘋狂一念。再說一次，耶穌並不希望我們因追求無謂俗物而內疚，他只要我們看清自己所作的選擇就夠了。我們若無法洞悉所有的痛苦都來自潛伏人心的千古罪咎，是不會有動力轉變自己根深柢固的想法的。正因人類千方百計掩蓋這個罪咎，耶穌所傳授的聖靈方案才會如此毫不留情地揭露人間的苦狀，讓我們看清痛苦的起因：

> 聖靈需要快樂的學徒，祂才能透過他們快樂地完成自己的使命。死心塌地甘願受苦的你，首先得認清自己確實活得很不快樂才行。由於你已把受苦視為一種樂事，聖靈只好用苦樂的對比來開導你。你已經分不清苦樂之別……。你不只看不出這……立論基礎虛妄至極。……你如此寄望於虛無，自認遲早會找到自己想要的這個「寶貝」……。你如此相信虛無的價值，且對它百般重視。一小片玻璃，一粒塵沙，一副軀體，或一場戰爭，對你都一樣重要。只要你珍惜一個虛無之物，表示你認可了虛無的價值，而且相信自己確有把它們弄假成真的本事。（T-14.II.1:1~5,7,9~11）

　　也就是說，先承認自己其實活得很苦，我們才能進一步體

會出自己很在意的那個答其實什麼也不是，什麼也沒有。如此，我們才會安心地轉換途徑，選擇世上唯一有價值之物——寬恕；唯有它能幫我們擺脫恐懼的幻覺而感受到真實的愛。

耶穌開始為本課作總結了：

(12:1~3) 世上的一切不是有價值就是無價值，不是值得追求就是不值得追求，不是令人衷心嚮往就是完全不值得你費心爭取。正因如此，選擇原是一件極其容易的事。它的複雜性只不過是一種障人眼目的煙幕罷了，它要隱瞞一個最簡單的事實，就是：沒有一個決定是困難的。

宇宙萬象複雜到不可思議的地步，更別提每個人的身體結構了，這種預設其實是別有用心的，就是小我不想讓我們看到那條簡單的出路。我們曾經作出錯誤的選擇，還沒來得及改變心念之際，小我已打造出一個複雜的世界，令我們忘卻自己所作的選擇，甚至忘了自己究竟選擇了何種錯誤的「畫面」。從此我們只好與畫框認同（就是充滿特殊性的身體），再也意識不到在真相與幻相、有價值與無價值之間，自己是有選擇餘地的。小我就這樣一舉切斷了聖子回歸心靈之路。讓我們一起來念一段〈正文〉，它為我們描述小我怎麼把單純的答案搞得烏煙瘴氣而且曖昧複雜的：

> 你不需要其他的解決辦法，問題本來很簡單，只因你
> 不想解決，才把它搞得如此曖昧複雜。撤除了重重煙

幕之後，問題就會呈現出它原始的單純。這選擇一
點也不難，只要你看清問題，便會發覺其間的荒謬。
（T-27.VII.2:3~5）

**(12:4~5) 你一旦明白了這一點，對你會有多大的益處？絕對不
只讓你輕而易舉且毫無痛苦地作選擇而已。**

真正的「益處」就是安返天鄉。只要意識到自己幸福與否
就在當下這一決定，那時，我們便不可能不選擇上主，因為，
誰會明知故犯地抵制幸福的來臨？

緊接著，耶穌又重申一遍：若想接近上主，唯有拒絕與小
我同行。

**(13:1) 空出雙手，敞開你的心，一無所有地前來尋求一切，然
後納為己有，你就已經接近天堂了。**

短短幾句便為第一百八十九課預先作了鋪陳：天堂之路就
是清空心內所有的小我之念，解除一切負面因素（W-189.7）。
我們說過，《奇蹟課程》不著重於正面的操練，也非從上主之
愛下手，它旨在清除令我們無法憶起愛的那些心障。唯有拋棄
自己緊抓不捨的小我思想體系，空出的雙手才接收得到天堂的
禮物。

**(13:2) 今天，我們就要試著進入這一境界，放下所有的自欺，
真心誠意地只珍惜那真實而有價值之物。**

耶穌要我們好好練習，放下自欺，誠實地面對「自己並不想要回家」這個事實。因為我們至今仍然敝帚自珍，執迷於個體性、特殊性，而且判斷成癮。他要我們今天特別留意：小我怎麼慫恿你展示才智，凸顯自己高人一等，它又怎麼為你證明身邊所有人都辜負了你的期待，沒有一個人值得信賴，也沒有一件事情靠得住，所以，你對他人及世界的種種評判全都言之成理。

難怪耶穌一再要求我們「真心誠意」地反問自己：我究竟在追逐無價值還是有價值之物？「真心誠意」，意味著我時時刻刻祈求耶穌的指引。每當我開始生氣、內疚、沮喪、說話武斷時，就知道自己背棄了這位導師；而當我決心放下小我之念時，便知道自己又回到老師身邊了。

(13:3~4) 我們要作兩次「長式」練習，各十五分鐘，開始時，請這樣說：

> 我不再重視毫無價值之物了，只願追求真有價值之物，因為唯有那個才是我渴望找到的。

我們若想真心說出這一段宣言，必須先意識到自己並不真想放棄那些無價值之物才行。那麼，怎樣才能顯示自己的「真心誠意」呢？就是隨時觀照，看到自己如何不斷被「無價值之物」拐走了。要知道，凡是帶有批判或特殊性意味的，本質上都屬於無價值之物。因此，我們確實需要耶穌的另一種眼光，

從無價值之物轉向有價值之物。真心求助且只願尋找真有價值之物的我們，終究是不可能空手而歸的。

(14) 然後接下它一直等候著人們前來領取的恩典，只要你能心無掛礙地前來，天堂之門便會應聲而開的。當你開始有一點庸人自擾的傾向，或是感到自己進退失據時，請立刻用這簡單的一念去回應：

> 我不再重視毫無價值之物了，因為真有價值之物才非我莫屬。

在此，不妨回顧〈正文〉前幾章所說的一句話：

> 你若不以評判的心態對待自己及你的弟兄，那種如釋重負的平安絕對超乎你的想像。（T-3.VI.3:1）

耶穌說的「庸人自擾」就是指評判的習性。每當我們覺察自己又在評斷自己或他人時，要盡快打住，反問自己：「我想要收到這些無價值之念必然引發的苦果麼？」我們之所以會「進退失據」，只因我們太看重那些無價值之物了，其實世上沒有一個決定是困難的，因為世界本身只是一個幻影。真正的決定不過是心靈在小我和耶穌之間所作的選擇而已，還有比這更簡單的事嗎？選擇了耶穌，不再聆聽那總想證明自己是對的小我，之後，再回到現實世界作決定時，你自然知道哪一種選擇才是最有愛心的決定。

　　只要活在身體內，時時刻刻都得作決定，幸好我們有一位慈愛的老師指點迷津，讓這些決定變得輕而易舉，因它自然會跟著正念之心走的。也因此，在你作了某些決定之後，倘若問題叢生，引發焦慮、沮喪以及種種不安，你就知道自己選錯了老師。這時，耶穌對你只有一個請求：「放下小我，牽起我的手吧！」我們若拒絕這麼簡單的要求，前面的路必然障礙重重。這些磨難好似在警告你：「你又把世界分為有益或有害、有價值或無價值的了。」要知道，這種分別取捨的知見本身就是一件最沒價值的事。這時若能返回心靈，你就會看出，此生此世唯一有價值的事，就是選擇耶穌為師，在他的指引下，學習寬恕，不再定罪。這個選擇對此刻的你，應該不是一件苦差事吧！

奇蹟資訊中心
出版系列：

《奇蹟課程》
（A Course in Miracles）——新譯本

　　《奇蹟課程》是二十一世紀的心靈學寶典，更是近年來各種心理工作坊或勵志學派的靈感泉源。中文版已在 1999 年由若水譯出，並由作者海倫・舒曼博士所委託的「心靈平安基金會」出版。

　　新譯本乃是根據「心靈平安基金會」2007年所出版的「全集」，也是原譯者若水在「教」「學」本課程十年之後再次出發的精心譯作。全書分為三冊：第一冊：〈正文〉；第二冊：〈學員練習手冊〉；第三冊：〈教師指南〉、〈詞彙解析〉以及〈補編〉的「心理治療」與「頌禱」二文。新譯本網羅了《奇蹟課程》所有的正式文獻，使奇蹟讀者從此再無滄海遺珠之憾。（**全書三冊長達 1385 頁**）

《奇蹟課程》
〈學員練習手冊〉**新譯本隨身卡**

　　《奇蹟課程》第二冊〈學員練習手冊〉共三百六十五課，一日一課地，在力求具體的操練中，轉變讀者看事情的眼光，解開鬱積的心結。

　　若水由十餘年的奇蹟課程教學譯審經驗出發，全面重譯這部曠世經典。新譯版一本經典原文的精確度，語意更為清晰，文句更加流暢。精煉再三的新譯文，吟誦之，琅琅上口，饒富深意，猶如親聆J兄溫柔明晰的論述，每天化解一個心結，同享奇蹟。

　　為方便現代人在忙碌生活中操練每日一課，經三修三校的重譯版，首度以隨身卡形式發行，以頂級銅西卡精印，紙版尺寸 8.5 × 12.6 公分，另有壓克力卡片座供選購。（**全套卡片共 250 張**）

奇蹟課程導讀與教學系列

　　《奇蹟課程》雖是一部自修性的課程，只因它的理論架構博大精深，讀者常易斷章取義而錯失精髓，故奇蹟資訊中心陸續推出若水的導讀系列、米勒導讀，以及一階理論基礎及二階自我療癒DVD、其他演講錄音或錄影教材，幫助讀者逐漸深入這部自成一家之言的思想體系。

若水導讀系列

（一）《創造奇蹟的課程》（**全書 272 頁**）
（二）《生命的另類對話》（**全書 272 頁**）
（三）《從佛陀到耶穌》（**全書 224 頁**）

　　若水在這三冊中，解說《奇蹟課程》的來龍去脈與理論架構，透過問答的形式，說明崇高的寬恕理念如何落實於生活中；最後透過《奇蹟課程》的理念，闡釋佛陀和耶穌這兩位東西方信仰系統的象徵，在實相裡並無境界之別，而只有人心的「小我分裂」與「大我一體」的天壤之隔。

米勒導讀
《奇蹟半生緣》

　　一位慧心獨具卻不得志的記者，三十多歲便受盡「慢性疲勞症候群」的折磨，群醫束手無策，他在走投無路之下，不禁自問：「究竟是誰把我這一生搞得這麼慘？」

　　《奇蹟課程》讓他看到，自己竟是一切問題的始作俑者。他對這一答覆百般抗拒，直到有位心理治療師對他說：「恭喜你！你若讀得下這本書，大概就不需要心理治療了！」

　　《奇蹟半生緣》全書穿插作者派屈克・米勒浮沉人生苦海的經歷，但他並不因此獨尊自身的經驗和詮釋，而以記者客觀實証的精神，遍訪散居全美各地的奇蹟講師與學員，甚至傾聽圈外人的質疑。本書可說是一部美國奇蹟團體的成長紀實。（**全書 319 頁**）

奇蹟課程有聲教學教材

　　奇蹟資訊中心歷年發行《奇蹟課程》譯者若水的演講錄音或錄影光碟，將《奇蹟課

程》的抽象理念與現實生活銜接起來，幫助讀者了解《奇蹟課程》的精髓所在，是奇蹟學員不可或缺的有聲輔讀教材，由於教材內容每年不盡相同，欲知詳情，請上網查詢。

www.acimtaiwan.info 奇蹟課程中文網站
www.qikc.org 奇蹟課程中文部簡体網

肯恩實修系列

《奇蹟原則50》

許多讀者久仰《奇蹟課程》之盛名，興沖沖地讀完短短的導言後，就怔忡在一條一條有如天書的「奇蹟原則」之前。讀了後句忘前句，「奇蹟」的概念好似漂浮在字裡行間，始終無法在腦海中落腳，以至於閱讀了一兩頁之後便後繼無力，難以終篇，竟至棄書而逃。

「奇蹟原則」前後五十條，其實是整部課程的濃縮，若無明師指點，讀者通常都不得其門而入。於多虧奇蹟泰斗肯尼斯旁徵博引，以深入淺出而又幽默的答問形式，將寬恕與奇蹟的精神落實於生活中，為初學者乃至資深學員提供了一個實修的指標。（全書209頁）

《終結對愛的抗拒》

追尋心靈成長的人，學到某個階段往往面臨一個瓶頸：儘管修習多年，一遇到某種挑戰，就不自覺地掉回原地，因而自責不已。問題到底出在哪裡？

佛洛依德在他的臨床經驗中，驚異地發現，病人的潛意識中有「拒絕療癒」的本能，肯尼斯根據《奇蹟課程》的觀點，犀利地剖析人們「拒絕療癒或轉變」的原因，又仁慈地為讀者指出穿越小我迷霧的關鍵，由停滯不前的窘境中突圍。對於追尋心靈成長和平安的人而言，本書不但有提點指授的功效，更有當頭棒喝的力道。（全書109頁）

《親子關係》

坊間論及親子問題的書籍可謂汗牛充棟，泰半繞在親子關係複雜且微妙的糾結情懷，唯獨肯尼斯‧霍布尼克不受表象所惑，借用《奇蹟課程》的透視鏡，澈照出親子之間愛恨交織的真正關鍵。

本書表面上好似在答覆「如何教養子女」、「如何對待成年子女」以及「如何照顧年邁雙親」等具體問題，它其實是為每一個人點出我們在由「身為兒女」，到「照顧兒女」，繼而「照顧雙親」的艱苦過程，以及我們轉變知見時必然經歷的脫胎換骨之痛。（全書238頁）

《性‧金錢‧暴食症》

在紛紜萬象的世界裡，性、金錢與食物可說是人生問題的「重頭戲」，最易牽動小我的防衛機制，故也最具爭議性。作者肯恩沿用《奇蹟課程》中「形式與內涵」的層次觀念，針對性、金錢等等所引發的光怪陸離現象（形式），揭露它們背後一貫的目的（內涵）——小我企圖藉無止盡的生理需求，抹滅心靈的存在，加深孤立、匱乏、分裂等受害感，最後連吃飯、賺錢與性交都可能變成一種攻擊的武器。

肯恩與學員的趣味問答，反映出我們日常是如何受制於這些生理需求的；然而，我們也能藉聖靈之助，將現實挑戰化為人生教室，將小我怨天尤人的陰謀，轉為寬恕與結合的工具。（全書196頁）

《仁慈——療癒的力量》

這是一部針對奇蹟教師及資深奇蹟學員的實修指南。全書分上下兩篇，上篇列舉奇蹟學員常有的現象，例如以奇蹟之名攻擊他人，或以善意為由掩蓋自己批判的心態；下篇探討如何用仁慈的眼光來看待自己與他人的缺陷，教我們將自身的限制或缺陷轉為此生的「特殊任務」，在人間活出寬恕的見證，成為聖靈推恩的管道。（全書251頁）

《逃避真愛》

本書是針對道理全懂卻難以突破的資深學員而寫的，它一針見血地指出，綑綁我們修行腳步的，不是世界的黑暗，也非人間的牽絆，而是自己打造出來的一道心牆。

只因我們深怕真愛會消融了自己的特殊性，故把心靈最深的渴望隱藏到心牆之後，與之「解離」，在人間展開一場虛虛實實又自相矛盾的追尋。一邊痛恨小我的束縛，一邊又忙著為小我說項；以至於內心有一部分奮力向前，另一部分則寧可原地觀望。藉著裝傻、扭曲、辯駁，把回歸真愛的單純選擇

渲染成複雜又艱深的學問。

《逃避真愛》溫柔地解除了人心無需有的恐懼，讓我們明白心牆的「不必要」，陪伴我們無咎無懼地跨越過去。（全書156頁）

《假如二二得五》

從古至今，多少人心懷救苦救難的大志，傾注一生之力貫徹自身理想，卻往往受現實所困而終不能及。我們這些凡夫俗子，亦不乏拼搏自救之心，然而在現實面前，還是屢屢敗陣，活得憋屈而無奈。問題究竟出在哪裡？

對此，本書剴切提出：整個世界其實一直按照 $2+2＝4$ 的「鐵律」來運作，萬物循著固定的軌跡起落盛衰，一切可謂「命中註定」，無怪乎歷史上的種種救世之舉皆以失敗告終。然而，《奇蹟課程》識破世界的詭計，小我既然使出 $2+2＝4$ 的苦肉計，它便祭出 $2+2＝5$ 的救贖原則，破解小我編織的羅網，溫柔地引領我們走出世界的幻境。本書即是教導我們，如何在貌似 $2+2＝4$ 的世界活出 $2+2＝5$ 的生命氣象，而且更進一步，迎向天地間唯一真實的等式 $1+1＝1$。（全書171頁）

《駱駝‧獅子‧小孩》

本書書名出自德國哲學家尼采的代表作《查拉圖斯特拉如是說》裡的「三段蛻變」——駱駝、獅子、小孩。這則寓言提綱挈領地勾勒出靈性的發展過程，尼采的幾項重要論點，包括強力意志、超人、永劫輪迴，也在肯恩博士精闢的詮釋之下，與奇蹟學員熟悉的抉擇心靈、資深上主之師、小我運作模式等觀念相映成趣。

肯恩博士為奇蹟學員引薦這位十九世紀天才的作品，企盼在大家為了化解分裂與特殊性而陷入苦戰之際，可以由這本書得到鼓舞和啟發。我們終將明白，唯有「一小步又一小步」的前進，從駱駝變成獅子，再進一步蛻變為小孩，不跳過任何一個階段，才能抵達最後的目標。（全書177頁）

肯恩《奇蹟課程釋義》系列

《奇蹟課程序言行旅》

如果說《奇蹟課程》是一首曠世交響曲，《序言》便奠定了整首樂章的氣質與基調，不僅鋪敘出奇蹟交響樂的關鍵理念，還將讀者提昇到奇蹟形上思想的高度和意境，堪稱《正文行旅》最佳的暖身之作。

肯恩有如一流的樂評家，領著讀者，在宏觀處，領受樂章磅礴的主旋律，在微觀處，諦聽暗藏其中的千百種變奏，致其廣大，盡其精微，深入課程之堂奧，回歸心靈之家園。（全書121頁）

《正文行旅》（陸續出版中）

《奇蹟課程》在人類靈性進化史上的貢獻可謂史無前例，而《正文行旅》乃是《奇蹟課程釋義》三部曲的完結篇。肯恩由文學，詩體，音樂三重角度，依循各章節的主題，提供了「重點式」以及「全面性」的導覽，幫助學員深入奇蹟三昧，沉浸於智慧與慈悲之海。

這部行旅可說是肯恩一生教學的智慧結晶，奇蹟學員浸潤日久，必會如他所願：奇蹟，發自心靈，必將流向心靈。（第一冊335頁，第二冊314頁）

《學員練習手冊行旅》（陸續出版中）

整套《奇蹟課程釋義》的問世，可說是無心插柳。1998年起，肯恩應學生之請，為〈學員練習手冊〉做了一系列的講解，基金會將研習錄音增編彙整為逐句詮釋的〈練習手冊行旅〉。此案既定，〈正文行旅〉以及〈教師指南行旅〉應運而生，為奇蹟學員提供了最完整且精闢的修行指針，訂名為《奇蹟課程釋義》，幫助學員將〈正文〉理念架構所引伸出來的教誨，運用到現實生活中。這三部《行旅》，可說是所有踏上奇蹟旅程的學員最貼心的夥伴。

《學員練習手冊行旅》的宗旨，乃是幫助奇蹟學員了解三百六十五課的深意，以及它們在整部課程中的作用。更重要的是，幫助學員將每日一課運用於現實生活中，否則《奇蹟課程》那些震古鑠今之言可謂枉費唇舌，徒然淪為一套了無生命的學說。（第一冊346頁，第二冊292頁，第三冊234頁，第四冊337頁，第五冊289頁）

《教師指南行旅》
（共二冊，含《詞彙解析行旅》）

〈教師指南〉是《奇蹟課程》三部書的最後一部，它以「如何才是上主之師」為主軸，提綱挈領地梳理出〈正文〉的核心觀念，全書以提問的形式鋪敘而成，為其他兩部書作了最實用的補充。

肯恩在逐句解說〈教師指南〉時，環繞著兩個主題：「個別利益」對照「共同福祉」，以及「向聖靈求助」。因為若不懂得向聖靈求助，我們根本學不會「共享福祉」這門功課。當然，全書也穿插不少副題，如「形式與內涵」、「放下判斷」等等，就像貝多芬的偉大樂章那樣，不時編入數小節旋律，讓主題曲與變奏曲銜接得更加天衣無縫。肯恩說：「我希望藉由本書讓學員看出，耶穌是如何高明地把他的基本訊息串連為一個整體，一如交響樂以主旋律與變奏曲那般交叉呈現、迴旋反覆地將我們領上心靈的旅程。」（第一冊337頁，第二冊310頁）

其他出版品

《寬恕十二招》

《寬恕十二招》的作者保羅．費里尼，有鑒於人們的想法與情緒反應模式，早已定型僵化，成了一種「癮」，不是一朝一夕可以化解得掉的。因此，他將《奇蹟課程》的寬恕理念，分解為十二步驟，一步一步地引導我們超越自卑、自責以及過去的創痛，透過自我寬恕而領受天地的大愛。這是所有準備好負起自我治癒之責的人必讀的靈修教材，也是曠世靈修經典《奇蹟課程》的輔讀書籍。（全書110頁）

《無條件的愛》

作者保羅．費里尼繼《寬恕十二招》之後，另以老莊的散文筆法，細細描述我們每一個人心中都擁有的「無條件的愛」。他由大我的心境出發，以第一人稱的對話方式，直接與讀者進行心與心的交流，喚醒我們心中沉睡已久的愛，開啟那被遺忘的智慧。此書充滿了「醒人」的能量，是陪伴你走過人生挑戰的最好伙伴。（全書215頁）

《告別娑婆》

宇宙從哪兒來的？目的何在？我究竟是什麼？為什麼會在這裡？我要往哪裡去？我該怎麼活在這個世界裡？當你讀完本書，會有一種「千年暗室，一燈即亮」的領悟。

全書以睿智而風趣的對話談當今世局、原子彈爆炸，一直說到真愛、疾病、電視新聞、性問題與股價指數等等，讓我們對複雜詭異的人生百態，頓時生出「原來如此」的會心一笑。它說的雖全是真理，讀起來卻像讀小說一樣精彩有趣，難怪一問世便成了西方出版界的新寵。（全書527頁）

《一念之轉》

作者拜倫．凱蒂曾受十餘年的憂鬱症所苦，一天早上，她突然覺悟了痛苦是如何形成又如何結束的。由此經驗中，她發明了四句問話的「轉念作業」（The Work），引導你由作繭自縛中徹底脫身，是一本足以扭轉你人生的好書。（全書448頁，附贈轉念作業個案 VCD）

《斷輪迴》 阿頓與白莎回來了！

繼《告別娑婆》走紅之後，葛瑞的生活形態發生重大的轉變，也面臨了更多的挑戰。葛瑞仍是口無遮攔地談八卦、論是非、臧否名流，阿頓和白莎兩位上師在笑談棒喝中，繼續指點葛瑞如何在現實挑戰下發揮真寬恕的化解（undo）功能，徹底瓦解我執，切斷輪迴之根。（全書304頁）

《人生畢業禮》

本書是保羅與 Raj 在 1991 年的對話記錄。對話日期雖有先後，內涵卻處處玄機，不論由哪一篇起讀，都會將你導入人類意識覺醒的洪流。

Raj 借用保羅的處境，提醒所有在人間孤軍奮鬥的人，唯有放下自己打造的防衛措施，才可能在自己的心靈內找到那位愛的導師。也唯有從這個核心出發，我們才會與所有弟兄相通，悟出我們其實是一個生命。（全書288頁）

《療癒之鄉》

《療癒之鄉》中文版由美國「獅子心基金會」委託台灣「奇蹟資訊中心」出版。

作者羅賓．葛薩姜把《奇蹟課程》深

奧又慈悲的教誨化為一套具體的情緒啟蒙和心靈復健課程，協助犯罪和毒癮的獄友破除心理障礙，學習處理人與人之間的衝突，調整情緒，建立自信，切斷「憤怒→攻擊→憤怒」的惡性循環。《療癒之鄉》陪伴無數受刑人度過獄中歲月。

　　《療癒之鄉》也是為所有困在自己心牢裡的讀者而寫的。世間幾乎沒有一人不曾經歷童年的創傷、外境的壓迫，以及為了生存而形成種種不健康的自衛模式。獄友的心路歷程給予我們極大的啟發，鼓舞我們步上心靈療癒之路。（**全書 440 頁**）

《我要活下去》

　　這本書不只是一本鼓舞信心的療癒指南，還是一個女人把自己從鬼門關前拉回來的真實故事。

　　作者朱蒂・艾倫博士（Judy Edwards Allen, Ph.D.）原本是成功的專業顧問、大學教授、大學教科書作者，四十歲那年獲知罹患乳癌的「噩耗」，反而成為她生命的轉捩點，以清晰、熱情的文筆，記錄了她奮力將原始的求生意念成功地轉化為「康復五部曲」的歷程。讀者會看到她如何軟硬兼施地與醫生打交道，如何背水一戰克服無助感，又如何透過寬恕，喚醒內心沉睡已久的愛與生命力。最後，她終於超越自己對生死的執著，在這一場疾病與療癒的拔河大賽中，獲得了靈性的凱旋。（**全書 280 頁**）

《時間大幻劇》

　　人們對於時間，存在著種種截然不同的看法，比如：時間是良藥，可以癒合一切創傷；善惡終有報，只等時候到；時間是無情的殺手，終將剝奪我們的一切……。人類早已視時間的存在為天經地義，戰戰兢兢地活在過去的懊悔、現在的焦慮和對未來的恐懼中。我們好似活在一座無形的牢籠裡，苟延殘喘，等待大限的到來。

　　《奇蹟課程》的泰斗肯恩博士曾說：「不了解時間，不可能讀懂《奇蹟課程》的。」他引經據典，將散落全書有關時間的解說，梳理出一個完整的思想座標，猶如點睛之龍，又如劃破文字叢林的一道靈光，讓我們一窺《奇蹟課程》的究竟堂奧（究竟義）。此書可說是肯恩留給奇蹟資深學員最

珍貴的禮物。（**全書 413 頁**）

《奇蹟課程誕生》

　　《奇蹟課程》的來歷究竟有何玄虛？為什麼它選擇經由海倫・舒曼博士來到人間？它的記錄方式及成書過程，與它傳給人類的訊息有何內在關係？有幸親炙此書的我們，又該如何延續奇蹟精神的傳承？

　　不論你只是好奇《奇蹟課程》的精采傳奇，還是有心以「史」為鑑，窮究奇蹟的傳承精神，本書都提供了最可靠的第一手資料。作者因與茱麗、海倫與比爾等人交往密切，故受這些開山元老之託，冷靜而客觀地梳理《奇蹟課程》的記錄及成書經過，佐以三位奇蹟元老的親筆自白，融鑄成一部信實可徵的《奇蹟課程》誕生史，帶領讀者重新走過五十年前那段精采神奇的心靈歷程。（**全書 195 頁**）

《飛越死亡的夢境》

　　本書榮獲美國出版界著名的「活在當下書籍獎」（Living Now Book Awards），全書以嶄新的視角詮釋曠世鉅修經典《奇蹟課程》的教誨，為讀者削切指出「起死回生」的著力點。

　　作者特別選取在人間每個角落不時作祟的「死亡陰影」入手，揭露小我抵制永恆生命的伎倆。作者以親身的經歷為奇蹟作證，並且提供了極其實用的反省練習，解除我們潛意識中對死亡的恐懼，為百害不侵的生命本質開啟了一扇門，真愛與喜悅得以流過人間，讓奇蹟成為日常生活裡「最自然的事」。（**全書 524 頁**）

國家圖書館出版品預行編目資料

奇蹟課程釋義：學員練習手冊行旅. 第五冊（121-133
課）／肯尼斯·霍布尼克博士（Kenneth Wapnick,
Ph.D.）著；若水譯 -- 初版 -- 臺中市：奇蹟課程有限
公司奇蹟資訊中心，2022.1
　　面；　　公分
譯自：Journey through the workbook of a course in
miracles: the study and practice of the 365 lessons
ISBN 978-986-98554-9-5（平裝）

1. CST: 靈修

192.1　　　　　　　　　　　　　　110022226

奇蹟課程釋義
學員練習手冊行旅　第五冊

作　　者	肯尼斯·霍布尼克博士（Kenneth Wapnick, Ph.D.）
譯　　者	若水
責任編輯	李安生
校　　對	李安生　黃真真　吳曼慈　蔡佩蓁
封面設計	林春成
美術編輯	陳瑜安工作室
出　　版	奇蹟課程有限公司·奇蹟資訊中心
	桃園市光興里縣府路 76-1 號
聯絡電話	（04）2536-4991
劃撥訂購帳號	19362531　戶名　劉巧玲
網　　址	www.acimtaiwan.info
電子信箱	acimtaiwan@gmail.com
印　　刷	世和印製企業（02）2223-3866
經銷代理	聯合發行公司
	電話（02）2917-8022 # 162
	（03）212-8000 # 335
定　　價	新台幣 320 元
出版日期	2022 年 1 月初版

ISBN　978-986-98554-9-5